i Robinson / Letture

Di Alberto Mario Banti
nelle nostre edizioni:

L'età contemporanea.
Dalla Grande Guerra a oggi

L'età contemporanea.
Dalle rivoluzioni settecentesche all'imperialismo

Napoleone e il bonapartismo

Le questioni dell'età contemporanea

Il Risorgimento italiano

Sublime madre nostra.
La nazione italiana dal Risorgimento al fascismo

(con A. Chiavistelli, L. Mannori, M. Meriggi)
Atlante culturale del Risorgimento.
Lessico del linguaggio politico dal Settecento all'Unità

Ha inoltre curato:

Nel nome dell'Italia.
Il Risorgimento nelle testimonianze,
nei documenti e nelle immagini

ALBERTO MARIO BANTI

EROS E VIRTÙ

ARISTOCRATICHE E BORGHESI DA WATTEAU A MANET

Editori Laterza

www.laterza.it

Prima edizione ottobre 2016

Edizione
1 2 3 4 5 6
Anno
2016 2017 2018 2019 2020 2021

Questo libro è stampato su carta amica delle foreste

Stampato da
SEDIT - Bari (Italy)
per conto della
Gius. Laterza & Figli Spa
ISBN 978-88-581-2578-6

Introduzione

All'esposizione parigina di pittura del 1869 Édouard Manet presenta *Il balcone*, un quadro che all'epoca suscita reazioni negative; col tempo quella valutazione è stata superata, e oggi lo si considera uno splendido lavoro. Ma perché? Qual è il suo significato? Quale la sua forza di suggestione?

Non è così facile rispondere a queste domande, almeno in prima battuta. I quadri di Manet sono – in genere – totalmente elusivi. Nel *Balcone* due donne e un uomo guardano fuori da una casa, oltre una porta-finestra. In *Colazione sull'erba* una donna nuda e due uomini vestiti di tutto punto stanno conversando in un prato. In *Olympia* una giovane donna, anch'essa nuda, ci guarda con un'espressione triste e spavalda. Chi sono queste persone? Cosa stanno facendo? Qual è la storia nella quale si trovano?

Non è chiaro. Anzi, tutto sembra talmente enigmatico che verrebbe da accogliere l'interpretazione che ne dà Foucault: quella di un Manet deliberatamente ermetico perché interessato soltanto alla dimensione puramente visiva delle sue composizioni, in una sorta di preludio all'arte non figurativa. Senza niente togliere alla coerenza di questa lettura, credo invece che quadri come *Il balcone*, *Colazione sull'erba* o *Olympia* – i vestiti o le nudità delle persone ritratte, il loro atteggiamento, le loro posture – abbiano moltissimo da dire sulla mentalità dell'epoca. Sarò più netto: collocandoli nel loro contesto storico, quei quadri aprono squarci illuminanti per capire il senso profondo della morale borghese.

Tuttavia decifrare quei lavori di Manet, come faccio nella seconda parte di questo libro, non è sufficiente. Credo infatti che, per cogliere appieno il mutamento che trasforma il mondo delle élites occidentali, sia necessario volgere lo sguardo al XVIII secolo. È allora che intellettuali e artisti d'avanguardia attaccano duramente gli orizzonti etici delle corti e delle aristocrazie; ed è dalle loro critiche che trae origine la nuova mappa dei desideri, degli affetti e delle passioni che domina la società borghese ottocentesca.

Prima di porci davanti al *Balcone*, dunque, abbiamo bisogno di addentrarci in un'altra realtà etica, culturale, visuale; anzi, abbiamo proprio bisogno di entrare nella bottega di un commerciante di quadri, Edme-François Gersaint, così come se la immagina Antoine Watteau tra il 1720 e il 1721. E ciò perché i quadri appesi alle pareti di quella bottega ci mettono subito in contatto con aspetti chiave della cultura di *ancien régime*, che ci parlano di un modo specifico di concepire l'amore, i sentimenti e la sociabilità intellettuale. Tra fine Settecento e inizio Ottocento quel mondo crolla. Al posto del suo universo di valori se ne fa avanti un altro, che dà forme diverse ai rapporti di genere, agli investimenti affettivi, alle pulsioni sessuali. Non tutti si sentono a proprio agio nel nuovo panorama etico-visuale che nell'Ottocento si impone con la forza di un modello egemonico. Manet è fra questi. E le opere che ho evocato poc'anzi – sommessamente coraggiose – sono lì a testimoniarlo.

EROS E VIRTÙ

ARISTOCRATICHE E BORGHESI DA WATTEAU A MANET

Ringraziamenti

Devo un ringraziamento particolare a Giuseppe Laterza e a Lodovico Steidl, che mi hanno coinvolto in due cicli delle «Lezioni di Storia» dedicati a *La Storia nell'Arte* con due conferenze sul *Balcone* di Manet, tenute l'una a Milano il 15 maggio 2013 e l'altra a Trieste il 17 gennaio 2016: quelle lezioni sono state l'occasione per una prima elaborazione dei temi esplorati in questo libro.

Grazie di cuore anche ai colleghi Roberto Bizzocchi, Vinzia Fiorino e Alessandro Tosi, che hanno letto il testo e sono stati prodighi di osservazioni e consigli.

Con Manuela Garuglieri ho discusso a lungo delle questioni analizzate in questo saggio – come di un'infinità di altre cose quotidiane –, e i suoi suggerimenti sono stati, come al solito, preziosissimi.

Ciò detto, la responsabilità del testo resta, ovviamente, interamente mia.

I
L'INSEGNA DI GERSAINT

1. Immagini del desiderio

Edme-François Gersaint ha la sua bottega non molto distante da Notre-Dame. Vende quadri. Lo fa perché c'è gente che preferisce comprarseli sul mercato, invece che ordinarli appositamente, come fanno il sovrano, la Chiesa, i ricchissimi signori. Cose varie, stili vari, soggetti vari. E, come altri commercianti parigini, ha bisogno di farsi vedere, perché la gente identifichi la sua bottega e, se ha un po' di soldi in tasca, vi entri. Il suo amico Antoine Watteau ha deciso di aiutarlo. Ha deciso di dipingergli un'insegna. Che poi, in realtà, è la rappresentazione di come Edme-François vorrebbe fosse la sua bottega. Ampia. Aperta sulla strada. Piena di opere appese alle pareti. Piena di clienti che discutono con lui su quale quadro comprare [Fig. 1].

Fig. 1. Jean-Antoine Watteau, *L'insegna di Gersaint*, 1720-21, olio su tela, 163x308. Berlino, Palazzo di Charlottenburg.

I. L'INSEGNA DI GERSAINT

Possiamo entrare anche noi. Anzi, siamo invitati a farlo. Possiamo curiosare alle spalle di una coppia di clienti che sta esaminando una grande pittura ovale, illustrata forse dallo stesso Gersaint; oppure avvicinarci al bancone e unirci al gruppo al quale Marie-Louise Sirois, moglie di Gersaint, mostra un'opera di piccole dimensioni (o forse uno specchio)[1]. Non sappiamo chi siano questi clienti: ma i loro abiti ci fanno capire che è gente che appartiene alla classe medio-alta, gente che ha da spendere per consumi che qualcuno potrebbe ritenere superflui: nobili proprietari terrieri, o borghesi benestanti, magari arricchiti dai traffici d'oltremare, o da qualche attività imprenditoriale, o dagli impieghi ricoperti nell'alta burocrazia degli Stati. Chiunque siano, è chiaro che possono permettersi di usare una parte del proprio denaro per qualcosa di più dello stretto necessario per vivere.

La sensibilità culturale li spinge a scelte di questo genere. Ma all'opera c'è anche una conclamata strategia della distinzione. Se si è eccezionalmente ricchi, ci si può comportare come la Chiesa e i sovrani, che da secoli fanno affrescare le pareti delle chiese e delle sale dei palazzi, o le fanno ricoprire con tele di enormi dimensioni, opere che talora hanno anche un valore didattico, ma che servono soprattutto a rimarcare l'inarrivabile superiorità di chi le possiede. Se si è meno clamorosamente ricchi, ci si può accontentare di andare da Gersaint, o da uno dei suoi molti colleghi, e acquistare dei quadri che, pur essendo di dimensioni più piccole, non sono necessariamente alla portata di tutte le tasche.

Si tratta di una pratica culturale che sin dall'inizio del Seicento si è diffusa in Olanda, dove un vivace mercato privato dell'arte ha favorito, fra l'altro, le carriere di artisti di livello assolutamente eccezionale come Rembrandt, Vermeer o Ruisdael, per non citare che i più celebri. Tra la fine del Seicento e l'inizio del Settecento questo nuovo tipo di mercato si diffonde anche altrove in Europa, talora incoraggiato dalla fondazione di enti pubblici come accade in Francia, dove l'istituzione dell'Accademia di pittura e di scultura (1673) ha portato all'organizzazione dei *Salons*, ovvero esposizioni periodiche e pubbliche dei quadri dei pittori riconosciuti dall'Accademia. Dal 1737 l'esposizione parigina – la più importante –, che ha luogo nel *Salon carré* del Louvre con cadenza prima annuale e poi biennale, mostra al grande pubblico la più recente produzione pittorica.

Ovviamente, sia in Francia che altrove, nel Settecento continuano a esistere collezionisti che commissionano personalmente agli artisti più in voga lavori di vario genere, ispirati alle mode pittoriche lanciate dall'ultima esposizione, o che si comprano direttamente i quadri presentati ai *Salons*. Ma adesso ad acquirenti di questo tipo se ne affiancano altri che, dopo aver visitato le esposizioni, vanno dai mercanti d'arte come Gersaint per comprare opere simili a quelle che hanno visto esposte: è così che i quadri di dimensioni più piccole, meno sfarzosi e meno costosi, trovano un loro spazio di mercato.

È un'onda nuova di consumi culturali diffusi, quella che così si propaga; un'onda nuova che trova un'eco in un vasto mercato (che esiste da secoli) in cui vengono vendute incisioni e stampe monocrome che riproducono le pitture *à la page* o ne propongono nuove versioni più o meno originali. Questi prodotti minori – che possono essere acquistati anche nella bottega di Gersaint – vengono smerciati a prezzi ancor più contenuti e sono destinati a un pubblico più ampio e meno raffinato di quello che si può permettere i quadri, specie quelli di grandi dimensioni. Nondimeno si tratta di un circuito commerciale che ha una grande rilevanza, perché promuove la diffusione delle nuove mode visive anche al di là degli ambienti socialmente più esclusivi e ambiziosi.

Da Gersaint i clienti acquistano quadri, o stampe, o – se vogliono – anche altri oggetti (piccoli mobili, sculture, porcellane). In altri momenti della loro giornata, poi, andranno a teatro, per assistere a rappresentazioni di *pièces* comiche o drammatiche, o per ascoltare qualche opera lirica di successo. E magari compreranno anche dei libri (ne vende lo stesso Gersaint). Anzi, per gli standard dell'Europa moderna, adesso i lettori e le lettrici comprano una quantità inusitata di libri. All'epoca vi è chi parla di «febbre di lettura», di un «furore di leggere» che prende migliaia di persone in Europa.

In effetti il numero dei titoli editi aumenta sensibilmente dovunque nel corso del Settecento. Certo sarebbe inopportuno parlare di una «democratizzazione» della lettura: i testi più lunghi e più complessi sono alla portata solo di persone che vengono dalle stesse classi alle quali appartengono i clienti di Gersaint: gente ricca, che ha risorse da investire in istitutori privati, che ha buone capacità cognitive, e tanto tempo libero a disposizione. Ma accanto ai libri più impegnativi si fanno strada anche opere più leggere, semplici, divertenti, che possono essere prese in prestito nelle prime «biblioteche circolanti» e che sono lette pure in ambienti sociali meno sofisticati.

Se i circuiti che moltiplicano i consumi culturali sono variegati, lo stesso deve dirsi per gli orizzonti etici proposti dalle varie produzioni settecentesche. Non che ci sia una qualche meccanica corrispondenza. È che, semplicemente, i punti di osservazione sul mondo reale o su quelli di fantasia, sia nelle opere più raffinate che in quelle più grossolane, sono alquanto variegati e, in qualche caso, persino in reciproca e dura contrapposizione. E così molte delle opere pittoriche, letterarie o teatrali prodotte nel XVIII secolo continuano a essere lavori di ispirazione devozionale – sacre rappresentazioni, storie agiografiche delle vite dei santi, manuali per il perfezionamento interiore, per l'imitazione di Cristo, per la buona condotta morale. Ma, accanto a queste, altre proposte, di tutt'altro genere, si fanno strada: quadri di paesaggio, rappresentazioni di feste galanti, descrizioni di scene di vita quotidiana; oppure romanzi epistolari, commedie di costume, perfino storie ai limiti della licenziosità.

La produzione è vasta, e certo c'è una grande differenza di sensibilità: chi predilige, per dire, la *comedy of manners* di Congreve e Vanbrugh, o *Les Égarements du cœur et de l'esprit* (1736-38) e *Le Sopha* (1745), romanzi libertini di Claude-Prosper Jolyot de Crébillon, o i quadri rococò di Watteau, Boucher e Fragonard, apprezza opere che sollecitano l'edonismo e la libertà dei costumi; chi invece ama i romanzi epistolari di Richardson e Rousseau, la satira pungente dei quadri di Hogarth o il realismo pittorico di Greuze, trova piacere nel veder esaltato il valore morale della solida virtù e dell'austera rispettabilità.

Esamineremo più avanti il senso di questa divaricazione. Adesso, fermiamoci ancora per un attimo nella bottega di Gersaint, così come la rappresenta Watteau, per osservare con maggiore attenzione i quadri esposti: ci apparirà subito chiaro che anche qui, in uno spazio commerciale molto piccolo, domina una grande varietà tematica. Sulle pareti si vedono lavori a soggetto sacro (un monaco in preghiera a destra della porta, una natività in basso a destra, in mezzo al gruppo riunito al bancone), oppure ritratti di ignoti personaggi (due a sinistra, vicino all'ingresso, uno sulla parete di destra, in alto), o anche scene di genere (un contadino che sta arando, sopra il monaco in preghiera). Poi, in primo piano sulla sinistra, c'è un ritratto del Re Sole che viene riposto in una cassa, immagine che – secondo Guillaume Glorieux – allude al nome della bottega di Gersaint, *Au Grand Monarque*[2].

Questo indizio va esplorato ulteriormente: ci dice infatti che lo stile celebrativo dell'epoca di Luigi XIV sta ormai passando di moda; inoltre ci ricorda che la relativa austerità dei costumi che il Re Sole ha voluto imporre alla corte nell'ultima fase del suo regno è ormai del tutto superata dalle nuove abitudini che si sono diffuse sin dal periodo della reggenza di Filippo II di Borbone-Orléans (1715-23): a corte domina un edonismo a tutto campo, che lascia la sua impronta sullo stile relazionale imperante, connotato da una grande libertà tanto nei rapporti erotico-affettivi, quanto nella produzione culturale, non ultima – naturalmente – quella visiva.

La bottega di Gersaint lo testimonia pienamente, giacché vi fanno bella mostra di sé numerosi quadri (diversi dei quali di soggetto mitologico) che esibiscono generose nudità femminili, una delle cifre fondamentali della pittura rococò:

> Si vogliono vedere nudità sempre e dappertutto – ha scritto molti anni fa Arnold Hauser in relazione al primo Settecento –; il nudo diventa il tema prediletto dell'arte figurativa. Dovunque si guardi, negli affreschi delle sale di rappresentanza, negli arazzi dei salotti, nei quadri dei *boudoirs*, nelle incisioni dei libri, nelle porcellane e nei bronzi dei caminetti, non si vedono che donne nude, cosce e fianchi tondeggianti, seni scoperti, braccia e gambe intrecciate in amplessi, donne con uomini e donne con donne, in variazioni e ripetizioni infinite[3].

La bottega di Gersaint non fa eccezione. E in ciò non c'è niente di specialmente nuovo, giacché la rappresentazione pittorica o scultorea di corpi nudi ha una storia che risale almeno al tardo Medioevo e che affonda le sue radici nella «riscoperta dell'Antico», cioè nell'ammirata valorizzazione dei modelli della statuaria greca, ellenistica e romana, che costituiscono la pietra di paragone essenziale per l'arte italiana ed europea del Rinascimento.

Alcune delle regole fondamentali del nudo artistico si impongono sin da allora. Il sesso maschile – in particolare dopo le riforme religiose – non può essere mostrato. Quello femminile sì, purché la figura femminile abbia la vulva sigillata e purché non siano rappresentate né la peluria pubica né quella ascellare. Vige inoltre la norma della dislocazione spazio-temporale: le nudità sono ambientate in contesti mitologici o allegorici; molto raramente, e solo in produzioni a uso privato, possono essere collocate in un'ambientazione contemporanea (esempio sommo di questo tipo di nudo è la *Venere di Urbino* di Tiziano, che è un quadro matrimoniale). Si fa un larghissimo impiego del nudo simbolico o allegorico, sia maschile che femminile, sia per rappresentare qualità specifiche (vizi, virtù, talora anche valori spirituali: si pensi alle Maddalene, ai san Sebastiani, o alle *Virgines lactantes*), sia per rappresentare comunità o istituzioni (regni, repubbliche, nazioni, dignità sovrane, la libertà); la maggior parte di queste produzioni dialoga fittamente con l'*Iconologia* di Cesare Ripa, grande repertorio allegorico edito per la prima volta nel 1593 senza un corredo di immagini, poi nel 1603 con l'accompagnamento di una prima ricca serie di xilografie.

Queste regole valgono ancora nel XVII e nel XVIII secolo. A metà Settecento Tiepolo è un acclamato maestro delle grandi nudità allegoriche e mitologiche, come lo è stato più di un secolo prima Rubens, che proprio in Francia ha eseguito un lussureggiante ciclo allegorico di ben 24 imponenti pitture che hanno celebrato Maria de' Medici, regina di Francia. Ma, ancor più che le grandi opere allegoriche – tavole enormi, affreschi di grandi proporzioni –, colpisce adesso la quantità e qualità della produzione del nudo d'arte, centrato prevalentemente sulla nudità femminile e affidato a opere di dimensioni medio-piccole. Certo, la pittura di nudo non è l'unico genere pittorico che si imponga nella produzione artistica settecentesca: tuttavia essa ha un rilievo significativo e l'ambiente artistico francese, in questo, è all'avanguardia. Dalla Reggenza sino alla vigilia della Rivoluzione, Watteau, Boucher, Pater, Baudouin, Fragonard, e molti altri con loro, si cimentano in pitture di nudo con diversi esiti estetici, ma sempre con un notevole successo di mercato.

Naturalmente, le nudità mitologiche sono una delle declinazioni preferite [Fig. 2]. E tuttavia, con un gesto narrativo sommesso, ma allo stesso tempo innovativo, tutti questi pittori fanno anche quadri di indiscutibile ambientazione contemporanea, in cui le nudità esibite non sono più quelle di lontane divinità greche, bensì quelle di giovani donne coeve [Fig. 3]. La natura (quasi) unilateralmente voyeuristica di queste pitture (sguardi maschili su corpi femminili) spesso è esplicitamente messa in scena, come per esempio nei quadri di Jean-Baptiste Pater, che esegue molte opere in cui disinvolte bagnanti sono accompagnate in fantasiosi contesti contemporanei da presenze maschili che, peraltro, non creano mai alcuno scompiglio nel gruppo femminile [Fig. 4].

Il maschilismo che si potrebbe leggere in questa evidente strutturazione voyeuristica si attenua tuttavia moltissimo quando quadri di questo tipo siano messi a fianco di opere che narrano di incontri galanti, di corteggiamenti, o di vere e proprie esplosioni di passione erotica. Tali rappresentazioni parlano allora della forza di seduzione che la bellezza femminile opera sul desiderio maschile, così come dell'autonoma intensità dell'erotismo femminile, esaltato, per esempio, in

Fig. 2 (*a fronte*). François Boucher, *Diana che esce dal bagno*, 1742, olio su tela, 57x73. Parigi, Musée du Louvre.

Fig. 3. Jean-Antoine Watteau, *La toilette*, 1717-19 circa, olio su tela, 45,2x37,8. Londra, The Wallace Collection.

Fig. 4. Jean-Baptiste Pater, *Bagnanti*, 1730 circa, olio su tela, 64,2x85. Londra, The Wallace Collection.

uno dei più brillanti e audaci lavori di Fragonard, *Fuoco alle polveri*, in cui il gioco dell'allegoria (piccoli cupidi che avvicinano la fiamma dell'eros alla vulva e al seno di una giovane ragazza addormentata) si contamina con un'ambientazione realisticamente contemporanea [Fig. 5].

Fig. 5. Jean-Honoré Fragonard, *Fuoco alle polveri*, 1765 circa, olio su tela, 37x45. Parigi, Musée du Louvre.

Fig. 6 (*a fronte*). Jean-François de Troy, *La dichiarazione d'amore*, 1724 circa, olio su tela, 65x54,5. Williamstown, Williams College Museum of Art.

Né si tratta solo di osservare belle nudità femminili, poiché in un buon numero di casi pittori come Boucher, Lancret, Baudouin, Fragonard o de Troy ci parlano non solo della gioia elegante del corteggiamento [Fig. 6], ma anche della capacità che le donne hanno di respingere *avances* indeside-

rate [Fig. 7], così come della piena reciprocità del desiderio, descritto in rappresentazioni che costituiscono una notevole innovazione nel campo della visualità pittorica: si prenda *Ercole e Onfale*, di Boucher [Fig. 8], che solo nel titolo e nella

Fig. 7 (*a fronte*). Jean-François de Troy, *La giarrettiera*, 1724 circa, olio su tela, 65x54,2. Williamstown, Williams College Museum of Art.

Fig. 8. François Boucher, *Ercole e Onfale*, 1730 circa, olio su tela, 90x74. Mosca, Museo Puškin.

Fig. 9. Nicolas de Launay, da Pierre-Antoine Baudouin, *Cure tardive*, 1775, acquaforte, 29x21. Parigi, Musée des Arts Décoratifs.

Fig. 10. Jean-Honoré Fragonard, *L'istante desiderato*, 1770 circa, olio su tela, 50x61. Collezione privata.

presenza dei Cupidi conserva un riferimento alla mitologia, giacché l'ambientazione è molto chiaramente contemporanea; oppure *Cure tardive*, guazzo a colori di Pierre-Antoine Baudouin, probabilmente presentato al *Salon* del 1767, ben presto tradotto in incisioni monocromatiche che ne rendono ancor più pronunciato l'erotismo [Fig. 9]; o ancora *L'istante desiderato*, di Fragonard, opera di straordinaria potenza evocativa, probabilmente destinata a un committente privato, in cui due amanti si abbandonano totalmente a un loro intensissimo momento d'amore [Fig. 10].

Opere come queste sembrano fatte apposta per decorare uno degli spazi fondamentali dell'architettura privata settecentesca, il *boudoir*, il salottino riservato. Nel 1780 l'architetto Le Camus de Mézières lo concepisce così:

> Il *boudoir* è il luogo deputato della voluttà; là essa sembra meditare i suoi progetti, o abbandonarsi alle sue voglie. È essenziale che vi regnino il lusso, la mollezza, il buon gusto [...] Non si eviteranno mai troppo le ombre dure e crude, che potrebbero essere prodotte da luci troppo vive. Quel che occorre è un chiarore misterioso, e lo si otterrà per mezzo di specchi opportunamente disposti [...] Abbonderanno le aperture, le ripetizioni: saranno gli specchi a produrle [...] I trionfi di Anfitrite, Psiche e Amore, Venere e Marte, offriranno composizioni adatte al carattere del luogo. Tutto deve essere comodo e tutto deve piacere[4].

Proprio in un ambiente come questo si svolge una scena chiave di *Senza domani*, breve racconto libertino scritto nel 1777 da Vivant Denon, futuro responsabile del Musée Napoléon (primo nucleo di quello che diventerà poi il Musée du Louvre): al culmine del *plot* il giovane protagonista, sedotto dall'affascinante Madame de T., si ritrova nella dimora coniugale della signora, la quale lo introduce in un *boudoir* pieno di dipinti e di specchi che, nella penombra dell'alba, li incoraggiano ad amarsi. E il giovane osserva: «immediatamente, grazie al riflesso moltiplicato delle nostre figure, [quel luogo] mi parve interamente popolato di amanti felici. I desideri si riproducono attraverso le loro immagini»[5].

Quest'ultima frase sembra il commento più appropriato a opere come quelle di Boucher, Baudouin o Fragonard.

Chi commissiona, acquista o ammira opere come queste – uomo o donna che sia – osserva la propria immagine, il proprio desiderio, e in qualche caso anche la propria diretta esperienza. E certo non può sorprendere che tra i primi estimatori di questo tipo di pitture vi siano aristocratici o membri dell'élite, tra cui anche due influenti amanti regali, Madame de Pompadour e Madame du Barry. I comportamenti diffusi nelle corti o nelle famiglie aristocratiche europee si ispirano non solo alla libertà erotica che traspare da opere di questo genere, ma anche alla consapevole volontà di esibirla con una disinvoltura elegante che per i «plebei» è del tutto inarrivabile. Così si capisce ancora meglio la pertinenza dell'osservazione di Denon: senza imbarazzo alcuno, e anzi con evidente compiacimento, i quadri rimandano agli occhi di chi li osserva immagini di ciò che i proprietari o le proprietarie volentieri fanno (o vorrebbero fare) nel corso della loro vita quotidiana.

2. Eros e libertà

Da secoli nelle famiglie regnanti o in quelle nobiliari i matrimoni sono considerati uno dei grandi momenti per tessere alleanze con famiglie dello stesso livello politico e sociale. Sondaggi accurati e calcoli attenti, vagliati nel corso di fitti scambi epistolari o in abboccamenti diretti, portano a siglare accordi da cui i futuri sposi sono esclusi quasi del tutto, anche perché, spesso, sono poco più che bambini. Nel Regno di Francia, quando Luigi XIII sposa Anna d'Austria

(1615) hanno entrambi quattordici anni; Luigi XV ha quindici anni, la sposa – Maria Leszczyńska – ventidue (1725); Luigi XVI ha sedici anni e Maria Antonietta quindici (1770); solo Luigi XIV e Maria Teresa d'Asburgo-Spagna hanno entrambi ventidue anni al matrimonio, celebrato nel 1660.

Peraltro, tutte queste unioni sono gestite dai dignitari di corte e le contrattazioni si concludono con un matrimonio per procura (ovvero in assenza dei nubendi), che precede di qualche settimana l'incontro effettivo e il vero e proprio matrimonio alla presenza degli sposi. E non si tratta di eccezioni: questa è la regola tanto per le case regnanti quanto per le famiglie nobiliari, e in qualche caso anche alto-borghesi. Tradizionalmente, in questi casi, un prosaico contratto dotale, sottoscritto davanti a un notaio, conclude i *pourparlers*, gli scambi epistolari e le trattative: e a rimarcare il carattere anaffettivo dell'intera operazione, nel contratto si stabiliscono con attenzione solo i reciproci doveri patrimoniali delle famiglie nei confronti degli sposi.

Quasi mai i giovani destinati al matrimonio esprimono una preferenza l'uno per l'altra; spesso non si incontrano che alla stipula del contratto dotale, o poco prima del matrimonio, o perfino dopo che sono già stati legalmente sposati *in absentia*. Così stando le cose, è assai raro che finiscano per incontrarsi due persone che sentono un qualche trasporto l'uno per l'altra. È molto più probabile che i giovani sposi scoprano ben presto di non avere interessi in comune, e di non sentire nemmeno alcuna attrazione erotica reciproca. E così, dopo aver assicurato la successione maschile alle famiglie, si aprono spazi per cercare altre soluzioni affettive. Nel caso dei sovrani di Francia, di solito è il re che si fa delle amanti, a volte in un numero e con un ritmo davvero considerevoli, come nel caso di Luigi XV. Viceversa la regina se ne sta (relativamente) tranquilla, e soffre in silenzio.

Da Luigi XIV in avanti la situazione può farsi, talora, davvero bizzarra: poco dopo la morte di sua madre, Anna d'Austria, avvenuta nel 1666, Luigi XIV crea il ruolo di *maîtresse-en-titre* («amante ufficiale»), presentando pubblicamente a corte l'amante di turno (all'epoca Louise de la Vallière) come la propria compagna, con un grado e una posizione definiti nei cerimoniali ufficiali. Da allora la *maîtresse-en-titre* ha propri appartamenti a palazzo e propri domestici, e i figli nati dal legame col re vengono riconosciuti ufficialmente (come talora era accaduto anche in precedenza), anche se hanno un rango inferiore rispetto alla prole legittima del sovrano. Con Luigi XV la girandola di amanti si sussegue a un ritmo pazzesco, fino alla scelta – relativamente sconcertante – di imporre alla corte e all'opinione pubblica prima una raffinata gentildonna borghese, proveniente dagli ambienti dell'alta finanza – Jeanne Antoinette Poisson, da lui stesso elevata al rango di marchesa de Pompadour; poi – addirittura – una prostituta d'alto bordo, Marie-Jeanne Bécu, nominata dal re contessa du Barry. Solo con l'ultima coppia reale settecentesca il rapporto si inverte: Luigi XVI non sembra abbia avuto amanti, mentre Maria Antonietta dal 1783 intrattiene una relazione col gentiluomo svedese Axel Fersen.

La possibilità di intrecciare relazioni erotico-sentimentali ai margini del matrimonio in effetti è una pratica che diventa assai largamente diffusa nella società aristocratica di *ancien régime*, in Francia come altrove. In Gran Bretagna,

> nel 1724 Lady Mary Wortley Montagu riteneva che non soltanto i mariti, ma anche le mogli si concedessero ormai liberamente all'adulterio, tanto che «essere chiamati libertini è cosa raffinata tanto per le donne quanto per gli uomini di qualità». Nel 1739 un autore anonimo riteneva che negli ambienti più elevati l'adulterio femminile venisse ormai considerato «più come un vizio alla moda che come un delitto». [...] Quarant'anni dopo non era cambiato nulla. Nel 1780 il conte di Pembroke osservava che «nos dames, douces comme des agneaux, se laissent monter par tout le monde». Mrs. Armistead, prima amante e poi moglie di Charles James Fox [leader politico whig], in precedenza era stata l'amante fissa, nell'ordine, di Lord George Cavendish, di Lord Derby e di Lord Cholmondeley. I figli della contessa di Oxford [Jane Elizabeth Scott Harley] erano soprannominati la «Miscellanea Harleiana», e nel penultimo decennio del Settecento a Devonshire House e a Chatsworth [residenze della famiglia Cavendish] si allevavano intere nidiate di bambini di varia provenienza: tre erano figli del quinto duca di Devonshire e di sua moglie Georgiana, e due del duca e di Elizabeth Foster, amica intima della duchessa e sua compagna per la vita; un figlio del duca e di Charlotte Spencer, e uno della duchessa e di Lord Grey, invece, venivano allevati altrove. Questa confusione generativa lasciava del tutto indifferente Georgiana[6].

Talora la figura dell'amante ufficiale riceveva persino una sorta di informale istituzionalizzazione, o quanto meno un informale ma ampio riconoscimento sociale; questa figura aveva anche un nome preciso: *petit-maître* in Francia; cicisbeo in Italia; *estrecho*, *chichisveo* o *cortejo* in Spagna.

Parallela alla diffusione di costumi erotici piuttosto liberi è la pratica del baliatico, che, sebbene non sia una novità, adesso viene seguita da un cospicuo numero di gentildonne, nobili o borghesi. Tra le cause che favoriscono la sua diffusione c'è la radicata convinzione, tratta da Galeno, che l'atto sessuale danneggerebbe il latte di una puerpera e quindi anche la salute del bambino; e le signore, con i loro mariti e amanti, non vogliono privarsi a lungo delle gioie del sesso. Ma al tempo stesso la pratica può avere altri risvolti positivi: per esempio tempo libero per gli impegni sociali, così come la conservazione di «bei seni, sodi capezzoli, tondi e lisci»[7].

Con tutto ciò, quello che colpisce veramente, sia nel contesto delle corti sia negli ambienti nobiliari e alto-borghesi, è la nuova capacità d'azione che viene riconosciuta alle donne. Non solo hanno una grande libertà di movimento nel campo erotico-sessuale, accompagnata da una legittimazione sociale piuttosto pervasiva, ma ricoprono anche ruoli intellettuali e in qualche caso politici di assoluto prim'ordine. Nella corte del re di Francia l'ultima delle numerose amanti di Luigi XIV, l'amatissima e pia Madame de Maintenon, segue costantemente gli affari di governo, tanto che al tempo della guerra di successione spagnola le riunioni dei ministri si tengono nelle sue stanze e alla sua presenza.

Ancora maggiore è l'influenza di Madame de Pompadour. Dopo essersi separata dal marito, dal 1745 (quando ha ventiquattro anni) al 1764 è l'amante ufficiale di Luigi XV e in ragione di ciò si trasferisce a Versailles, ottenendo il titolo di marchesa de Pompadour e il ruolo di dama d'onore della regina. Bella, intelligente, raffinata e colta, possiede una biblioteca di 3500 volumi; è lei che organizza i ricevimenti e le *soirées* a corte, dove recita, canta e allestisce *tableaux vivants*. Ha una notevole influenza pubblica, poiché sa incidere sulle scelte del sovrano, sia in politica interna che in politica estera; inoltre si occupa dell'industria delle porcellane di Sèvres e sovrintende alle iniziative architettoniche e urbanistiche del periodo. Il suo medico personale è François Quesnay, leader della corrente fisiocratica; presso l'appartamento di questo illuminista ha modo di incontrare intellettuali del calibro di Diderot, d'Alembert, Duclos, Helvétius, Turgot o Buffon.

In un quadro eseguito da Quentin de La Tour nel 1755 viene ritratta in una splendida *mise*, circondata da vari libri, tra cui l'*Histoire naturelle* di Buffon, la *Henriade* di Voltaire, il terzo tomo dell'*Esprit des Lois* di Montesquieu e il quarto dell'*Encyclopédie*. In un altro dipinto, realizzato da François Boucher nel 1756 [Fig. 11], appare attraente, elegantissima, con un libro fra le mani, mentre alle sue spalle si vede uno degli scaffali della sua biblioteca; sul tavolino sono in mostra i segni del suo potere ufficiale: l'anello con il sigillo, la ceralacca (che serve a chiudere lettere e docu-

Fig. 11 (*a fronte*). François Boucher, *Ritratto di Madame de Pompadour*, 1756, olio su tela, 201x157. Monaco, Alte Pinakothek.

menti), la candela per ammorbidirla, una lettera aperta, la penna col calamaio; e poi, sotto, altri libri e un quaderno manoscritto, mentre a sinistra, ai suoi piedi, si intravedono fogli con dei disegni e degli spartiti musicali. Madame de Pompadour vuole – con tutta evidenza – che la si apprezzi non solo per la sua avvenenza, ma anche per le sue molte e diverse qualità.

L'influenza e l'autorevolezza di Madame de Pompadour hanno certo diversi caratteri di eccezionalità. Ma fino a un certo punto. Intanto, nella storia di Francia, non solo le amanti, ma anche le regine madri, nel loro ruolo di reggenti, hanno avuto un peso politico di grandissimo rilievo. Altrove, dove non vige come in Francia la legge salica, che esclude le donne dalla successione al trono, regine a tutti gli effetti, quali Anna Stuart di Gran Bretagna, Maria Teresa d'Asburgo o Caterina II di Russia, mostrano una consapevolezza e un'autorevolezza talora persino superiori a quelle esibite da grandi sovrane del passato, come Elisabetta I d'Inghilterra. E al di là degli spazi delle corti, nelle famiglie nobiliari del XVIII secolo molte gentildonne, oltre che di una notevole libertà di movimento e di scelta, godono anche di significativi spazi intellettuali: leggono, scrivono, studiano, organizzano ricevimenti nelle loro case, ai quali partecipano filosofi di grido, e mescolano pettegolezzi mondani a impegnative e raffinate discussioni sulle ultime novità culturali; di questo tipo sono i rinomati *salons* (ricevimenti privati) di Madame de Tencin, di Madame Geoffrin o di Madame du Deffand.

Tutto questo insieme di comportamenti deve essere considerato come una dimostrazione prepotente e insistita di status. Tenere regolarmente un *salon* (per non parlare di una corte) comporta un impegno economico di non poco conto, dovendo la padrona e il padrone di casa disporre di ambienti adeguati, di servitù in numero sufficiente, di risorse per poter offrire rinfreschi e bibite, mentre la struttura stessa della sociabilità che vi si pratica permette la realizzazione di sistematiche strategie della distinzione attraverso le selezioni tra chi invitare e chi escludere, chi avere sempre e chi solo qualche volta.

D'altro canto, anche la libertà sessuale che gli uomini e le donne delle élites si prendono non è solo conseguenza di matrimoni senza amore, ma è essa stessa un'esibizione di stile e di potere. In altri ambienti sociali, economicamente meno solidi, avere figli illegittimi in una relazione adulterina può significare andare incontro a una catastrofe economica, oltre che umana e affettiva; viceversa, l'ostentazione di complesse situazioni relazionali (adulteri, figli illegittimi, famiglie promiscue e numerose) dà il tono a una diversità sociale che richiede ricchezza, libertà nei comportamenti e tanto tempo libero a disposizione.

3. Contro l'«ancien régime»

Non sempre e non necessariamente il «popolo», o il primo abbozzo di un'«opinione pubblica» in formazione, apprezza comportamenti di questo genere. Da un lato la Chiesa cattolica, per esempio, non incoraggia affatto i matrimoni combinati, anche se subisce le pratiche sociali diffuse nelle corti e nei palazzi nobiliari. Inoltre i «partiti devoti», che sono presenti nelle corti dei sovrani francesi e che di tanto in tanto riescono a far sentire il loro peso, cercano di far pressione sui regnanti, magari attraverso i loro confessori, affinché mutino condotta e si orientino verso ménage matrimoniali più casti e devoti: senza grande successo, peraltro.

Dall'altro lato, è il «popolo» che, diviso tra ammirazione e invidia, alimenta voci diffamanti sulle condotte licenziose di nobili e sovrani. Talora la rabbia trascende. Accade, per esempio, che nel 1744 Marie-Anne de la Tournelle, un'amante reale temporaneamente ripudiata da Luigi XV, debba fare un viaggio da Metz a Parigi in una carrozza con le tendine abbassate per stornare il rischio di una qualche aggressione da parte della folla, che la considera fonte di irrimediabile corruzione per il re.

A parte tutto ciò, le abitudini private della corte e delle famiglie nobili scatenano vere e proprie campagne di libelli pornografici che attaccano la libertà erotica delle classi alte. Ne sono autori giovani intellettuali, ammiratori dei Lumi, ma frustrati nelle loro ambizioni di carriera e di successo, spinti in quello che Robert Darnton ha efficacemente descritto come «l'underground letterario dell'*ancien régime*». *Le gazetier cuirassé: ou anecdotes scandaleuses de la cour de France*, per esempio, un libello clandestino ma diffusissimo in Francia, scritto nel 1771 da Charles Théveneau de

Morande, insulta tutto l'establishment sulla base di pesanti insinuazioni sessuali, cosa che nella stessa epoca fanno anche molte altre opere di questo tipo.

Pur nella loro rozzezza, questi testi perseguono un preciso obiettivo politico: quello di screditare moralmente il cuore pulsante dell'*ancien régime*. Darnton ne esemplifica l'andamento, citando un frammento da *Le gazetier cuirassé*:

> «La moglie di un certo maresciallo di Francia (che si crede ammalato ai polmoni), trovando un marito di questa specie troppo delicato per una devota, s'è scrupolosamente impegnata a risparmiarlo, e s'è generosamente condannata alle carezze grossolane del suo maggiordomo, il quale, non fosse stato così robusto, sarebbe ancora un semplice lacchè». Il sensazionalismo sessuale – commenta Darnton – trasmetteva un messaggio sociale: l'aristocrazia era a tal punto degenerata, da esser incapace di riprodursi; i grandi nobili erano impotenti o traviati; le loro mogli erano costrette a soddisfarsi con i servitori, rappresentanti delle più virili classi inferiori; e ovunque, tra i *grands*, l'incesto e le malattie veneree avevano spento l'ultima scintilla di umanità[8].

I libelli pornografici o diffamatori non hanno altro scopo che stigmatizzare la libertà nei costumi sessuali delle élites, in un'efficace mistura di moralismo e di sollecitazione delle pulsioni voyeuristiche dei lettori. Ma la loro cornice retorica è esclusivamente distruttiva, non prevedendo soluzioni alternative che facciano da contrappeso all'attacco polemico.

La *pars construens* della polemica anti-aristocratica è invece un compito che viene brillantemente svolto da una nutrita serie di trattati, testi letterari e opere grafiche di grande successo, tra cui spiccano *Pamela o la virtù ricompensata* (1740) e *Clarissa* (1747-48) di Samuel Richardson, il ciclo del *Marriage À-la-Mode* (1744-45) di William Hogarth, *Il fidanzamento paesano* (1761) e *La madre adorata* (1769) di Jean-Baptiste Greuze, *Giulia o la nuova Eloisa* (1761) ed *Emilio o Dell'educazione* (1762) di Jean-Jacques Rousseau, *I dolori del giovane Werther* (1774) di Johann Wolfgang Goethe, che in varie forme, ma con una comune sensibilità, articolano un coerente sistema etico che prende le mosse da una seria riflessione sul danno morale prodotto dalla pratica aristocratica dei matrimoni combinati e, più in generale, dall'incontrollato libertinaggio sessuale che è proprio degli ambienti nobiliari.

Prendiamo *Pamela*, romanzo epistolare di Samuel Richardson, uno dei più clamorosi successi editoriali di tutti i tempi. Il *plot* è molto semplice. Pamela è una giovane e intelligente domestica al servizio di una nobile signora, che molto la ama e la stima. Alla morte di costei, la gestione della casa passa al suo giovane figlio, che viene attratto dalla bellezza di Pamela. Col tipico atteggiamento del nobile libertino, Mr B (questo il nome che Richardson attribuisce al suo personaggio) cerca di sedurre – un po' bruscamente, peraltro – la giovane domestica, che tuttavia, educata ai principi di una sana moralità, non cede. Allora Mr B tenta ripetutamente di violentarla, ma Pamela riesce a resistere, sia per le sue capacità di reazione, sia per il concorso di fortunate circostanze. Alla fine, la tenace opposizione della servetta tocca il cuore del protervo padrone: in lui il puro desiderio sessuale si trasforma a poco a poco in rispetto, ammirazione e infine amore, tanto che – al termine di questa trasformazione – egli propone a Pamela di sposarlo, e lei accetta. Ecco, infine, che la virtù viene ricompensata, com'era anticipato dal sottotitolo del romanzo.

Che cosa c'è di così toccante in questa storia? Intanto la struttura epistolare di questo e di altri romanzi – ha osservato Lynn Hunt[9] – fa sì che i lettori e le lettrici, normalmente di classe medio-alta, apprendano l'arte dell'empatia, ovvero imparino a mettersi nei panni di qualcun altro, ascoltandone dall'interno i pensieri, osservandone i sentimenti, le emozioni, i dolori e le paure. Che la protagonista del romanzo di Richardson sia una donna povera, inoltre, induce a un particolare esercizio di empatia: ovvero spinge a immedesimarsi nel mondo affettivo e morale di una persona che appartiene a una classe sociale molto distante da quella di chi ha le risorse cognitive e il tempo per leggere un romanzo piuttosto lungo e relativamente impegnativo come questo.

Ma non è tutto, giacché il lavoro di Richardson contiene anche un importante *côté* etico-politico, tutto giocato attraverso il contrasto tra i caratteri dei due personaggi principali: da un lato c'è Pamela, povera e plebea, ma anche virtuosa e saggia; dall'altro lato c'è Mr B, ricco e nobile, ma anche fatuo, volgare e violento, almeno sino a quando la virtù di Pamela non lo illumina. La morale, in conclusione, è molto chiara: la castità sessuale è un valore incommensurabilmente positivo; viceversa, le relazioni sessuali occasionali sono solo un segno di brutale lussuria, specie se condotte con minacce e violenza. Dov'è allora che la passione erotica potrebbe trovare la possibilità di esprimersi? Semplice: all'interno di un matrimonio contratto fra due cuori che si amano davvero.

Tematiche di questo genere vengono sviluppate in molti altri successi narrativi coevi che criticano duramente la pratica dei matrimoni combinati, mentre «inventano» il valore dell'amore romantico, la cui essenza è riassunta nell'affermazione secondo la quale solo due cuori innamorati che si uniscono spontaneamente daranno vita a un'unione felice e duratura. Le conseguenze nefaste di sistemi sociali che non riconoscono il valore di un matrimonio fondato sulla passione sono descritte in *Giulia o la nuova Eloisa*, di Rousseau, e in *I dolori del giovane Werther*, di Goethe; il primo romanzo mostra quanta sofferenza provochi la cieca volontà dei genitori che si impone sulle naturali passioni dei figli; il secondo illustra quanto dolore provochino le storie d'amore nelle quali un uomo e una donna, fatti l'uno per l'altra, non riescono a unirsi a causa delle convenzioni sociali.

Questi romanzi sono dei grandissimi successi editoriali: non solo vengono pubblicati in molte edizioni, per essere poi subito tradotti nelle principali lingue europee; ma trasformano anche i tragici personaggi che li popolano in altrettanti esempi delle sofferenze a cui sono costrette le giovani coppie sfortunate che vengono sottoposte agli ingiusti costumi d'*ancien régime*; e talora l'impatto di queste macchine narrative è talmente forte da trasformare il gioco dell'immedesimazione in qualcosa di effettivamente pericoloso, poiché l'identificazione nella tragica figura di Werther finisce per provocare numerosi suicidi per emulazione.

Di fronte ai drammi causati dall'ottusa insistenza delle vecchie generazioni si erge il nuovo modello proposto – implicitamente o esplicitamente – in queste opere, ovvero l'amore romantico, e cioè il libero incontro di due cuori appassionati come vera e solida base per un matrimonio felice. Spiega Rousseau nell'*Emilio*: «poiché al cuore non si comanda [...] bisogna cominciare ad amarsi prima di unirsi. È qui che trionfa il diritto della natura, e niente può sopprimerlo: coloro che l'hanno ostacolato con tante leggi civili hanno dato più importanza all'ordine apparente che alla felicità del matrimonio e ai costumi dei cittadini»[10].

La nuova vita matrimoniale che dovrebbe nascere dal felice incontro di due cuori innamorati deve tuttavia basarsi, secondo gli scrittori che la promuovono, anche su una precisa divisione dei ruoli: la donna, casta e attenta a difendere il proprio onore, deve trovare il suo posto negli spazi domestici; deve innanzitutto occuparsi dei figli, che – dicono quasi tutti i fautori del nuovo moralismo borghese – possono crescere sani e felici solo se non vengono dati a balia, ma allattati al seno dalla madre. Jean-Jacques Rousseau non ha dubbi al riguardo: «Vi è al mondo uno spettacolo così toccante, così degno di rispetto come quello di una madre di famiglia che, circondata dai suoi figli, dirige il lavoro dei domestici, procurando una vita felice a suo marito e governando saggiamente la casa? Là ella si mostra in tutta la dignità di donna, là incute veramente rispetto, e la bellezza divide con onore gli omaggi resi alla virtù»[11] (peraltro le sue convinzioni non nascono affatto dalla sua diretta esperienza: i cinque figli che ha con Thérèse Levasseur vengono tutti abbandonati all'orfanotrofio...).

Ma poi la buona moglie, oltre che dei figli, deve occuparsi anche del marito: a costui soltanto dev'essere riservata la possibilità di calcare la scena pubblica (andare a lavorare, occuparsi di politica, occuparsi di cultura); alla donna questi spazi devono essere preclusi, perché naturalmente estranei alla sua conformazione fisica, alla sua «struttura nervosa». È chiaro che, per gli scrittori che sostengono questo nuovo progetto di vita domestica, la libertà delle donne a corte o nei *salons* è segno della immoralità di quegli ambienti, né più né meno che la dissolutezza nei comportamenti sessuali; così com'è indizio di una femminile corruzione morale l'eccessiva inclinazione alla lettura, come senza mezzi termini sostiene Rousseau nell'*Emilio*:

> Lettori, mi rimetto al vostro giudizio e vi prego di essere sinceri: che cosa ci dà migliore opinione di una donna, quando entrate nella sua stanza, il trovarla intenta alle occupazioni proprie del suo sesso, alle cure della casa, affaccendata a rassettare i panni dei suoi bambini, oppure il sorprenderla in atto di scriver versi dinanzi alla specchiera, circondata da libercoli di ogni sorta e da mucchi di corrispondenza sotto forma di biglietti di tutti i colori? Ogni ragazza troppo amante della letteratura resterà zitella per tutta la vita, quando sulla terra ci saranno soltanto uomini sensati[12].

E sembra quasi che Rousseau, nello scrivere questo brano, abbia sotto gli occhi – come modello negativo – Madame de Pompadour com'è ritratta da Boucher o da Quentin de La Tour.

Posti in sequenza, tutti questi enunciati normativi danno anche la misura di quanto alto sia il tasso di misoginia che è contenuto negli ideali anti-aristocratici della virtuosa rispettabilità e dell'amore romantico; e la cosa che colpisce in modo particolare è che la misoginia sia una cifra essenziale proprio degli scritti di Jean-Jacques Rousseau.

Vale la pena ascoltarlo più a lungo:

> Nell'unione dei sessi – scrive dunque nell'*Emilio* – ciascuno concorre egualmente allo scopo comune, ma non alla stessa maniera. Da ciò nasce la prima diversità determinabile nell'ambito dei rapporti morali dell'uno e dell'altro. L'uno [il sesso maschile] dev'essere attivo e forte, l'altro [il sesso femminile] passivo e debole; è necessario che l'uno voglia e possa, è sufficiente che l'altro offra poca resistenza. Stabilito questo principio, ne consegue che la donna è fatta soprattutto per piacere all'uomo. Se è vero che l'uomo deve a sua volta piacerle, questa è una necessità meno immediata: il suo merito è nella sua potenza; egli piace per il fatto stesso che è forte. Non è questa la legge dell'amore, lo ammetto, ma è quella della natura anteriore all'amore stesso[13].

Non contento di aver stabilito la base etica di una nuova gerarchia di genere, Rousseau dà dignità teorica anche alla doppia morale che vuole che la licenza sessuale di una donna, e in particolare di una moglie, sia una colpa infinitamente più grave di quella del suo partner:

Non v'è alcuna parità tra i sessi quanto alle conseguenze derivanti dalla loro diversità. Il maschio è maschio solo in determinati momenti, la femmina è femmina per tutta la vita, o almeno per tutta la giovinezza: essa è continuamente assoggettata alle esigenze del proprio sesso e, per adempierne bene le funzioni, deve avere una complessione fisica che vi si adegui. Ha bisogno di riguardarsi durante la gravidanza, ha bisogno di riposo in occasione del parto, ha bisogno di una vita riposata e sedentaria per allattare i suoi figli; le occorrono, per educarli, pazienza e dolcezza, le occorrono uno zelo e un affetto che nulla possa scoraggiare; fungendo da legame tra loro ed il padre, lei sola glieli fa amare e gli dà fiducia di poterli chiamare suoi. Con quanta tenerezza e con quanta premura deve adoperarsi per mantenere unita la famiglia! E tutti questi compiti non debbono apparirle come faticose virtù, ma come spontanee e gradite attività, altrimenti la specie umana verrebbe assai presto ad estinguersi.

Il rigore dei doveri reciproci esistenti tra i due sessi non è e non può essere il medesimo. Quando la donna si lamenta a questo riguardo dell'ingiusta ineguaglianza con cui l'uomo li valuta, ha torto; tale ineguaglianza non è un'istituzione umana, o almeno non è opera del pregiudizio, ma della ragione: tocca a quello dei due cui la natura ha affidato la responsabilità dei figli risponderne all'altro. È fuor di dubbio che a nessuno è permesso violare la propria fede, ed ogni marito infedele, che privi la sua sposa del solo premio concesso agli austeri doveri del suo sesso, è un uomo barbaro e ingiusto. Ma la sposa infedele fa qualcosa di ancora più grave, dissolve la famiglia e infrange tutti i vincoli della natura: dando all'uomo dei figli non suoi, tradisce l'uno e gli altri, aggiunge la perfidia all'infedeltà. Non c'è disordine, non c'è crimine che non derivi da questo. Se c'è al mondo una situazione spaventosa, è quella di un padre infelice che, senza fiducia nella propria donna, non può abbandonarsi ai più dolci sentimenti del cuore e dubita, abbracciando il figlio, di abbracciare quello di un altro, che è il pegno del suo disonore ed usurpa i beni dei figli veramente suoi.

Che cosa diventa allora una famiglia, se non una società di nemici segreti che una donna colpevole arma l'uno contro l'altro costringendoli a fingere di amarsi tra loro?

Non occorre dunque soltanto che la moglie sia fedele, ma che sia giudicata tale dal marito, dai congiunti, da tutti; occorre che sia modesta, attenta, riservata, e che porti agli occhi altrui, come nella propria coscienza, la testimonianza della sua virtù. Infine, se è necessario che un padre ami i suoi figli, è altrettanto necessario che stimi la loro madre. Sono queste le ragioni che fanno annoverare anche l'apparenza tra i doveri della donna e rendono per lei l'onore e la reputazione non meno indispensabili della castità. Da questi principi deriva, insieme con la differenza morale tra i sessi, un ulteriore motivo di dovere e di convenienza, che prescrive specialmente alle donne la più scrupolosa attenzione sulla loro condotta, sulle loro maniere, sul loro contegno. Sostenere genericamente che i due sessi sono eguali e hanno doveri identici significa perdersi in vane declamazioni, significa non dire niente finché non si dia adeguata risposta alle questioni che abbiamo toccato[14].

E infine:

Tutta l'educazione delle donne dev'essere in funzione degli uomini. Piacere e rendersi utili a loro, farsene amare e onorare, allevarli da piccoli, averne cura da grandi, consigliarli, consolarli, rendere loro la vita piacevole e dolce: ecco i doveri delle donne in ogni età della vita e questo si deve loro insegnare fin dall'infanzia. Finché l'educazione femminile non partirà da questo principio, si discosterà dal suo vero fine e i precetti impartiti alle donne non gioveranno né alla loro felicità né alla nostra[15].

Per Rousseau la libertà delle donne di classe alta nel sistema dell'*ancien régime* è il segno evidente della decadenza morale dell'intera struttura di potere, e per questo va radicalmente cancellata. Peraltro, il suo vero colpo di genio consiste nel collegare strettamente l'attacco alla moralità privata delle corti e della nobiltà con la critica politica alla iniquità della sovranità monarchica, argomentata nel *Contratto sociale* (1762). E che per lui i due versanti della polemica siano strettamente connessi è provato, con assoluta evidenza grafica, dal fatto che il libro quinto dell'*Emilio* contiene anche una sintesi delle argomentazioni fondamentali esposte nel *Contratto sociale*: la formazione di un mondo nuovo, per Rousseau, passa certamente dal rovesciamento della dinamica della sovranità, con la cancellazione della finzione di una sovranità che scende dall'alto, dalla divinità, e si posa sul monarca, a cui va sostituito un meccanismo più conforme al diritto di natura, una sovranità che sale dal basso attraverso il contratto sottoscritto dal popolo-nazione.

Ma l'edificazione di una prospera società nuova passa anche attraverso un radicale rinnovamento dei costumi privati: non più matrimoni combinati, né licenza erotica, né proliferare di figli bastardi, bensì costituzione di un sistema familiare basato sull'amore, sulla virtuosa castità e su una rigida gerarchia di genere, all'interno del quale le libertà politiche, intellettuali e sessuali delle gentildonne d'*ancien régime* non devono essere altro che un flebile ricordo.

4. Un nuovo ordine politico e morale

Il successo del «programma morale» sostenuto dalla più avanzata filosofia politica settecentesca è strepitoso su tutti e due i suoi versanti: non solo le elaborazioni di Rousseau (e naturalmente anche di molti altri) hanno un impatto enorme nella costruzione di una «nuova politica», variamente fondata sul consenso delle moltitudini, ma stabiliscono anche un'agenda per l'edificazione di una nuova morale privata, che fin dalle fasi più calde della Rivoluzione francese è accolta da sezioni a volte anche molto diverse dell'opinione pubblica.

In effetti, sono proprio i più ardenti seguaci della nuova virtù, ovvero i giacobini – attenti e appassionati esegeti dei testi di Rousseau –, a tradurre le componenti misogine del pensiero rousseauiano in concreti atti normativi, quando, una volta al potere, decidono di chiudere le associazioni politiche femminili e di negare alle donne la possibilità di partecipare alle discussioni politiche. Le motivazioni usate per sostenere queste misure rimandano alla necessità di «riportare le donne al loro posto». E così, per esempio, André Amar, relatore del rapporto presentato per conto del Comitato di sicurezza generale alla Convenzione, che prelude alla chiusura delle associazioni politiche femminili, sostiene:

> le funzioni private, a cui le donne sono destinate dalla natura stessa, sono correlate all'ordine generale della società; questo ordine sociale deriva dalla differenza che c'è tra l'uomo e la donna. Ogni sesso è chiamato al tipo di occupazione che gli è proprio [...]. L'uomo è forte, robusto, nato con una grande energia, audacia, coraggio [...]. In generale, le donne sono poco capaci di pensieri elevati e di meditazioni serie: e se, tra i popoli antichi, la loro

naturale timidezza e modestia non consentiva loro di apparire al di fuori della loro cerchia familiare, volete che nella repubblica francese le si veda alla sbarra, nella tribuna, nelle assemblee politiche come gli uomini, abbandonando e il ritegno, fonte di tutte le virtù di questo sesso, e la cura delle loro famiglie?[16]

Dal canto suo l'ultraradicale Chaumette gli dà ragione, e citando Rousseau dice: «La natura [...] ha detto alla donna: 'Sii donna! I tuoi affari sono la tenera cura dei bambini, le piccole incombenze domestiche, le dolci inquietudini della maternità'»[17].

In realtà posizioni di questo genere sono condivise e rapidamente accolte da una larga platea di uomini che hanno orientamenti politici anche molto diversi da quelli dei giacobini. E ciò perché l'attacco alle libertà delle gentildonne dell'*ancien régime* si associa alla rivalutazione di una scala etica che appartiene al cuore profondo della tradizione cristiana.

La cosa può apparire paradossale, se si riflette sul fatto che la maggior parte dei sostenitori della nuova moralità (da Rousseau a Robespierre) non sono uomini di fede, né guardano con simpatia alle Chiese costituite; e nondimeno la valorizzazione della virtù, sotto la forma della castità sessuale, dell'enfasi sul matrimonio monogamico, dell'esaltazione del ruolo della madre – sia come educatrice, sia come reincarnazione della figura della Vergine Maria come madre di Gesù –, è un aspetto che trasforma il discorso anti-aristocratico in una proposta che ha molti tratti familiari e rassicuranti, poiché simili a momenti cruciali dell'insegnamento morale che viene dalle Chiese cristiane (tanto cattoliche che protestanti). Non sorprende dunque che personalità di varia estrazione politica – conservatori, liberali, democratici o radicali – accettino con entusiasmo questo nuovo «ordine del discorso»: in linea generale, possono trovarvi ragioni etiche valide, sebbene talora declinate in direzioni politiche assai diverse; in quanto uomini, poi, vi trovano la sanzione di un rinnovato potere di genere.

Finisce così che la giurisprudenza più innovativa che deriva dall'esperienza rivoluzionaria scolpisca questi principi nella forma pesante di norme che strutturano a lungo la civilistica dei principali paesi europei. Non solo all'inizio dell'Ottocento le donne sono, dovunque, escluse dall'esercizio del potere politico; non solo sono prive del diritto di voto là dove esistano sistemi rappresentativi; non solo non hanno spazio nei sistemi di istruzione superiore o nel mondo delle professioni; ma anche nell'ambito della domesticità, della casa, della famiglia, nel quale sono confinate, si trovano a vivere in una posizione di eterna minorità.

Il Codice civile, voluto fermamente da Napoleone e approvato nel 1804, diventa un punto di riferimento per molte legislazioni civilistiche ottocentesche: e il modello di famiglia che vi è disegnato è pesantemente asimmetrico dal punto di vista dei rapporti di genere. Le relazioni tra il capofamiglia e la moglie sono modellate sul principio espresso da Napoleone, secondo il quale «il marito deve poter dire a sua moglie: signora, lei mi appartiene corpo e anima; signora, lei non può uscire; signora, non andrete a teatro; signora, non potrete vedere quella o quell'altra persona». Coerentemente, l'art. 213 del Codice stabilisce che «Il marito deve protezione alla moglie, e la moglie deve obbedienza al marito»[18]. Concretamente, questo principio si traduce nel fatto che una donna non può né sottoscrivere un contratto (di affitto, di vendita, di acquisto), né avviare un'azione legale, senza l'autorizzazione del marito.

Quanto al disaccordo permanente tra moglie e marito, il Codice prevede che possa essere risolto con un divorzio, quando esso sia chiesto consensualmente dai due coniugi; ma c'è una differenza notevole nel caso di divorzi richiesti per adulterio: il marito può chiederlo per l'adulterio della moglie, in qualunque forma e luogo esso sia avvenuto; ma la moglie ha la stessa possibilità solo quando il marito abbia introdotto la sua amante nel domicilio della famiglia. La normativa britannica è anche più severa: la legge che nel 1857 introduce il divorzio nel Regno Unito prevede infatti che il marito possa chiederlo sulla base del semplice adulterio della moglie, mentre la moglie lo può chiedere solo se oltre che di adulterio il marito si sia macchiato anche di un altro crimine, come abbandono, incesto, crudeltà, violenza sessuale o sodomia.

Se la missione dell'Illuminismo era – come ha scritto Immanuel Kant – «l'uscita dell'uomo da uno stato di minorità il quale è da imputare a lui stesso»[19], all'inizio dell'Ottocento l'obiettivo è stato raggiunto solo da un numero relativamente ristretto di uomini. Viceversa, alle donne questa conquista è stata preclusa in blocco da una nuova concezione dei rapporti di genere che le ha confinate in uno stato di minorità permanente, nel pubblico e nel privato.

Molti anni fa, al termine di un suo studio su donne e Rivoluzione francese, la storica americana Joan Landes concludeva affermando che a lei sembrava che la Repubblica francese nata dalla Rivoluzione non fosse stata edificata solo senza le donne, ma contro le donne. Forse si dovrebbe estendere la portata dell'osservazione, e accettare l'idea secondo la quale *l'intera «nuova politica»* che fonda la contemporaneità sull'idea di sovranità popolare, sulla rappresentanza parlamentare e sullo Stato di diritto, sia stata concepita – per le ragioni che abbiamo visto – non solo *senza* le donne, ma *contro* di esse.

II

IL BALCONE

1. Asimmetrie di genere

Tre persone affacciate a un balcone ci stanno davanti assorte, distanti, del tutto perse nei loro pensieri. Guardano verso l'esterno, intanto che un velo di astratta tristezza si posa sui loro visi. Ci piacerebbe tanto sapere cosa sta passando nelle loro menti. Hanno appena interrotto una conversazione? Stanno per dirsi addio? O semplicemente stanno oziando, e guardano la gente e le vetture che passano, o il panorama che si offre loro, là davanti, per strada o in aperta campagna? Non lo sappiamo. Nessun elemento di sostegno ci consente di scoprirlo. È così che si offre al nostro sguardo *Il balcone* di Manet: meraviglioso ed enigmatico [Fig. 12].

Ciò significa che questo quadro è una fonte iconografica irrimediabilmente persa per lo storico? Penso proprio di no. Lasciamo perdere, almeno per il momento, le vie che potrebbero portare al cuore dei tre personaggi ritratti, per noi inaccessibili, e guardiamo invece a quanto di più superficiale possiamo trovarvi: i vestiti e le acconciature. Vi scopriremo una traccia documentaria sorprendentemente ricca di suggestioni.

Le due donne hanno degli abiti meravigliosi, di un bianco abbagliante, vaporosi, pieni di disegni fatti di ricami e di trine: con sé hanno anche un ventaglio, un ombrellino e un cappello con una decorazione floreale. L'uomo, invece, è vestito in modo molto più austero, con una camicia bianca che risalta contro il completo nero, mentre una cravatta di un blu molto scuro si staglia sulla camicia. È una divaricata sintassi dell'apparenza quella che si impone al nostro sguardo. Ciò che la lingua della moda ci dice, a chiare lettere, è che uomini e donne sono diversi, profondamente diversi gli uni dalle altre.

Bella scoperta, si dirà. Già: ma il punto è che non è sempre stato così. Fino al Settecento gli abiti maschili e quelli femminili, pur differenti, avevano molti elementi in comune: tra le élites, le gorgiere, le crinoline, i tessuti dei medesimi colori – rosa, azzurro o verde pastello – erano impiegati sia dagli uomini che dalle donne. Stesso discorso per le acconciature, con l'uso dei capelli lunghi o delle parrucche. Differenze superficiali? Aspetti marginali e trascurabili dell'esistenza? Non tanto: giacché queste differenze nei modi di vestirsi segnalano trasformazioni epocali nelle

Fig. 12 (*a fronte*). Édouard Manet, *Il balcone*, 1868-69, olio su tela, 170x124,5. Parigi, Musée d'Orsay.

pratiche sociali, nelle modalità di relazione e nei sistemi etici che adesso strutturano la vita privata delle élites.

In effetti, tra la fine del Settecento e l'inizio dell'Ottocento la sintassi dell'apparenza prende direzioni diverse: gli uomini portano i capelli corti e indossano vestiti in fondo non tanto differenti da quelli che si usano adesso, all'inizio del XXI secolo: pantaloni, camicia, giacca, a volte un gilet, a volte una cravatta. Le signore, invece, sia quando stanno a casa, sia quando escono, indossano capi d'abbigliamento a volte bellissimi, ma impegnativi, pesanti, difficili da portare. Di che cosa ci parla questa divaricata sintassi dell'apparenza? Ci parla di una profonda distanza nei ruoli di genere, scandita dalla differenza degli impegni a cui gli uomini e le donne sono chiamati nella società borghese del XIX secolo.

Sin dall'inizio dell'Ottocento i borghesi hanno bisogno di vestirsi in modo pratico, perché hanno cose da fare fuori di casa: devono prendere vetture, spostarsi, andare al lavoro, parlare di politica, incontrare gli amici in luoghi che sono riservati esclusivamente agli uomini, come i club, i circoli o i caffè.

E le signore che cosa fanno? Di sicuro non si occupano di politica, giacché là dove esistono parlamenti rappresentativi non hanno il diritto di voto. D'altronde, da ragazze non vengono indotte nemmeno a percorrere tutto il training educativo fino ai livelli superiori e all'università; semmai vengono spinte a imparare a suonare il pianoforte, a cantare, o a fare elaboratissimi lavori di cucito. Di certo, poi, non sono incoraggiate a lavorare, specie se appartengono a una famiglia di classe medio-alta, giacché il loro vero lavoro dev'esser quello di stare a casa ad attendere il capofamiglia, il *breadwinner*, colui che si occupa (almeno lo si spera) della prosperità e del benessere del nucleo familiare.

Un'imponente letteratura pedagogica non cessa di rimarcare, per tutto l'Ottocento, quali siano i doveri di una donna. Un leader politico democratico della statura di Mazzini non ha dubbi nell'osservare che «la Famiglia è la Patria del cuore» ed è vivificata dalla presenza di un «Angelo della Famiglia: [...] la Donna. Madre, sposa, sorella, la Donna è la carezza della vita»[1]. Jules Michelet è d'accordo con lui: la donna «è colei che a venti, a trent'anni, e per tutta la sua vita, infonderà ogni sera nuovo vigore al marito quando tornerà stanco dal lavoro, e farà rifiorire i suoi interessi, le sue attenzioni inaridite. È ancora colei che, nei giorni tristi, quando il cielo è oscuro e tutto pare abbia perso ogni incanto, lo riporterà a Dio, al senso di Dio, tenendolo abbracciato sul suo seno»[2].

E se le cose stanno così, è perché le donne «si danno quasi sempre non cieche di passione, ma al fine di secondare il loro destino di donna, di assicurarsi l'amore dell'uomo e crearsi una famiglia, si danno per tenerezza verso di lui, per il nobilissimo bisogno che hanno di dedicarsi a qualcuno». Dopodiché la donna – essere veramente angelico – non si occuperà solo del marito, ma anche dei figli: «è questa la ricompensa, il prezioso equivalente delle sofferenze e dei pericoli che la donna è costretta ad affrontare per amore»; ed infatti, dopo un parto non c'è vista più sublime di quella di una donna che allatta, poiché nell'allattamento l'amore per l'uomo che l'ha amata e quello per il bambino, che insieme hanno generato, si confondono inestricabilmente in un unico mistico sentimento[3].

Tutto ciò non può che avvenire nello spazio della domesticità, che adesso, nelle case borghesi dell'Ottocento, si articola in una nuova dislocazione degli ambienti domestici, accogliente e funzionale: le stanze riservate ai momenti integralmente privati – le camere, i bagni – sono in una zona più difficilmente accessibile della casa; nell'area più vicina all'ingresso c'è il salotto, più o meno grande, ma sempre dotato di sedie, poltrone, divani, giacché è il luogo destinato alla socialità domestica, dove di solito si ricevono gli ospiti che vengono dall'esterno. Peraltro è anche uno spazio adatto a celebrare ritualmente la «santità» della famiglia borghese. Lo si fa, per esempio, a Natale, con lo scambio dei doni, l'albero illuminato dalle candele, le ghirlande che addobbano finestre e pareti, e l'invenzione di Santa Claus (o Babbo Natale) per i bambini – una moda ottocentesca che viene dalla Germania e che ha un inarrestabile successo in tutta Europa.

Chiuse in questo spazio, le donne borghesi si occupano dunque della gestione della casa, studiano canto o pianoforte, oppure ricamano e cuciono, mentre badano ai bambini e alle bambine. E poi cos'altro fanno? Incontrano persone esterne alla famiglia, ma sempre dentro lo spazio domestico: conoscenti, amici, parenti, fidanzati, spasimanti, con i quali dialogano amabilmente nel salotto o in veranda. Talvolta alcune donne colte e determinate continuano a organizzare ricevimenti a cui partecipano intellettuali e scrittori. Le più volitive possono persino fare viaggi da sole, anche molto lontano dagli ambienti domestici. Ma sono esempi piuttosto rari. Nella maggior parte dei casi le donne borghesi escono, sì, ma accompagnate dalla figlia o da un'amica, per andare a fare compere, a visitare i negozi, a perdersi nei grandi magazzini.

Si tratta di una pratica più importante di quanto non sembri a prima vista, come notano già i contemporanei più sagaci. Émile Zola scrive un bellissimo romanzo che narra una storia ambientata in un grande magazzino ispirato a un modello reale: il Bon Marché, il grande emporio parigino la cui nuova sede viene inaugurata nel 1869, giusto nell'anno in cui Manet esibisce *Il balcone* al *Salon*. Significativamente, il nome che Zola dà al grande magazzino nel quale si svolge la sua storia è *Al Paradiso delle Signore*, che è anche il titolo del libro, pubblicato nel 1883. Zola ha visto bene il fenomeno: lo shopping è lo spazio delle signore, uno dei loro più importanti momenti di piena libertà.

E va bene. Però, com'è mortificante questo sistema ottocentesco delle relazioni di genere! Gli uomini si occupano di politica, di questioni intellettuali, sono i *breadwinners*, quelli che guadagnano il pane per tutta la famiglia, e se di sicuro devono affrontare delle difficoltà sul lavoro, talora ne ricavano anche delle belle soddisfazioni.

E le signore? Le donne di classe medio-alta? Senza dubbio vivono in modo confortevole: ambienti ricchi, accoglienti, nei quali però sono imprigionate, senza potersi esprimere in forma creativa con una propria attività, senza un lavoro che garantisca loro una maggiore autonomia economica. E anzi, proprio se sono di classe medio-alta il loro non lavorare è un segno ricercato ed esibito del benessere sociale della famiglia. Gli stessi vestiti che indossano sono adatti a persone che non devono muoversi rapidamente, che non hanno bisogno di prendere al volo la carrozza per andare in Borsa, in Parlamento, al club, nel luogo di lavoro.

Questi vestiti femminili ottocenteschi, scrive il sociologo americano Thorstein Veblen alla fine dell'Ottocento, sono anzi il segno più evidente del «consumo vistoso» che caratterizza le famiglie più ricche: nella strategia della distinzione borghese è fondamentale esibire i simboli del successo materiale del capofamiglia; e le donne di classe alta, con il loro abbigliamento costoso e difficile da indossare (busti, gonne vaporose sostenute da stecche di balena, scarpe col tacco alto), non sono altro che il *significante* della struttura di comunicazione messa in scena dai loro ricchi padri o mariti. Inoltre, l'abbigliamento delle donne – aggiunge ancora Veblen – dimostra chiaramente che non hanno alcun bisogno di lavorare, poiché ci pensa qualcun altro per loro, e con grande successo:

Non c'è bisogno di prove per appoggiare la generalizzazione che i più eleganti stili di cappellini sono fatti per rendere impossibile il lavoro anche più della tuba maschile. La scarpetta della donna aggiunge il cosiddetto tacco francese all'evidenza di forzata agiatezza offerta dalla sua vernice; poiché questo tacco alto rende naturalmente assai difficile anche il più semplice e necessario lavoro manuale. Lo stesso vale in misura anche maggiore per la gonna e gli altri capi che caratterizzano la toeletta femminile. La ragione sostanziale del nostro tenace attaccamento alla gonna è proprio questa: essa è costosa e imbarazza di continuo colei che la porta e la rende incapace di ogni attività utile. La stessa cosa vale per l'abitudine femminile di portare i capelli eccessivamente lunghi[4].

Veblen conclude con una certa asprezza questa sua analisi:

il tacco alto, la gonna, il cappellino niente pratico, il busto e la generale indifferenza per il disagio, che è una chiara caratteristica dell'abbigliamento di tutte le donne civili, sono altrettanti segni che nel moderno schema di vita civile la donna è ancora, in teoria, la dipendente economica dell'uomo – che, forse in un senso altamente idealizzato, ella è ancora il suo *oggetto*. La semplicissima ragione di tutta questa vistosa agiatezza e questa toeletta da parte delle donne sta nel fatto che esse sono serve alle quali, nella differenziazione delle funzioni economiche, è stato affidato l'incarico di mettere in evidenza la capacità di spendere del loro padrone[5].

Veblen è molto duro nel descrivere una società che, in effetti, reprime sistematicamente le capacità creative delle donne, contrastando ogni loro eventuale desiderio di partecipare alla vita intellettuale, di percorrere tutto il curriculum educativo, di entrare in professioni non solo prestigiose ma anche gratificanti. No, niente di tutto questo per le signore dell'Ottocento, se non in casi eccezionalissimi.

«Sfere separate»: è questa l'espressione che si usa per descrivere tale tipo di sistema: agli uomini il pubblico, il «fuori» della casa; alle donne il «dentro», la prigione della domesticità. Una prigione dorata, certo, ma pur sempre una prigione (peraltro alle operaie o alle contadine va pure infinitamente peggio, perché oltre ad avere le incombenze della gestione domestica devono anche affrontare un lavoro che spacca la schiena). Tutte quante, poi, ricche o povere, sono marginalizzate non solo dalle pratiche sociali in uso, ma anche dalle leggi, che in tutti gli Stati dell'Occidente negano alle donne il diritto di voto e prevedono un diritto di famiglia in base al quale il capofamiglia comanda, mentre la donna è sotto il permanente dominio di un uomo, e che sia il padre o che sia il marito non fa una grande differenza.

Abitudini e norme, dunque, scandiscono una pesante asimmetria di genere. Gli uomini sono al vertice della gerarchia; le donne sono in posizione subordinata. Sfere separate, come si diceva; ma circondate da un imperativo etico che sembra valere per tutti, dettato da una sorta di mistica della «rispettabilità». Le donne e gli uomini delle classi medio-alte vogliono apparire come persone assolutamente «rispettabili». Ma che cosa significa «essere rispettabili»? Significa essere capaci di tenere un contegno coerente con un insieme specifico di valori che ha molto a che fare con la dimensione della sessualità. L'onore, la castità, la virtù, la costruzione di un matrimonio equilibrato, finalizzato alla riproduzione, e all'educazione dei figli: sono questi gli elementi essenziali della rispettabilità borghese nell'Europa dell'Ottocento.

Tuttavia anche questa austera etica della rispettabilità viene declinata secondo un doppio registro che prevede norme formali e informali molto meno esigenti per gli uomini che per le donne. Agli uomini si riconoscono libertà che alle donne sono assolutamente negate. Possono avere rapporti sessuali prima del matrimonio? Possono avere relazioni adulterine? Sì, gli uomini possono, senza troppi problemi. Le donne no, nella maniera più assoluta: la loro rispettabilità ne uscirebbe completamente distrutta.

Come la sintassi dell'apparenza, anche l'etica della rispettabilità è una relativa novità ottocentesca, almeno quando si considerino i comportamenti privati delle élites settecentesche; allora – come abbiamo visto – le signore delle famiglie aristocratiche o delle corti regali avevano delle opportunità che le loro nipoti ottocentesche non si sognano nemmeno: libertà di leggere, di scrivere, di prendere parte alla discussione intellettuale, a volte di partecipare direttamente all'azione politica; e poi una libertà sessuale che nell'Ottocento viene rigorosamente negata, costretta all'interno di un equilibrio familiare costruito sull'etica dell'amore romantico, immaginato come la migliore garanzia per la felicità.

Ma, come scoprono molto presto moltissimi giovani uomini e donne, l'amore romantico non è garanzia di un bel nulla. Epistolari intensissimi, scelte estreme, fughe d'amore contro il volere dei familiari in nome della passione, a volte naufragano nel peggiore degli incubi famigliari, com'è testimoniato, tra i molti esempi possibili, dalla triste vicenda primo-ottocentesca di Auguste Bussmann e Clemens Brentano[6]. Nel 1806 Auguste, quindicenne inquieta e intelligente, appartenente a una famiglia in vista della ricca borghesia di Francoforte sul Meno, si innamora di un militare al servizio della regina d'Olanda, con il quale si fidanza pubblicamente. Ma nel giugno-luglio del 1807 incontra Clemens Brentano, all'epoca ventinovenne e da pochi mesi vedovo. Figlio di un ricco commerciante, Clemens, poeta e scrittore, è – insieme agli amici Achim von Arnim, Johann Görres, Jakob e Wilhelm Grimm – uno dei più significativi esponenti del romanticismo tedesco.

L'amore tra Auguste e Clemens è folgorante; Auguste rinuncia al fidanzamento col «prode guerriero» per gettarsi, anima e corpo, in questa nuova relazione. La sua famiglia non ne è affatto contenta, sia per lo scandalo del fidanzamento interrotto, sia perché Clemens – pur di famiglia ricca – non ha una professione stabile e sicura. Ciononostante i due amanti decidono di ignorare l'opposizione della famiglia di lei e alla fine di luglio fuggono a Kassel, sposandosi con rito cattolico nella vicina città di Fritzlar il 21 agosto successivo. Ma la storia va a finir male. Già dopo pochi mesi di convivenza, la vita coniugale sembra esser diventata insopportabile a tutti e due; litigi, violenze fisiche, rappacificazioni si susseguono incessantemente, finché nel febbraio del 1809 Clemens impone ad Auguste una separazione che spinge la donna a tentare più volte il suicidio. Infine, nel gennaio del 1810 è avviata la procedura di scioglimento del matrimonio, che si conclude positivamente nel 1814.

Qualche volta le cose vanno così. In altri casi la via d'uscita da un inferno domestico è offerta da una o più relazioni extraconiugali. Ma ora lo statuto morale dell'adulterio è drasticamente cambiato rispetto al Settecento. Per molte famiglie aristocratiche settecentesche l'adulterio era una pratica piuttosto normale, sia per gli uomini che per le donne; nei diari privati, negli scambi epistolari e nelle opere letterarie dell'epoca se ne parlava con una leggerezza giocosa, come di una cosa che non doveva necessariamente essere nascosta nella vergogna. Nell'Ottocento il quadro morale è un altro. L'etica della rispettabilità (e – come si è detto – anche la normativa civilistica) diventa molto esigente, soprattutto con le donne, e l'adulterio femminile non è più un gioioso gioco relazionale, bensì una terribile colpa senza riscatto. Ora non se ne parla più con allegra nonchalance, ma con i toni cupi del dramma.

Molte fondamentali opere della letteratura ottocentesca descrivono storie di adulterio femminile che vanno a finire nella tragedia più straziante, da *Le affinità elettive* a *Madame Bovary*, ad *Anna Karenina*, a *Effi Briest* e altre ancora. L'etica della rispettabilità ottocentesca non transige con le donne: le vuole caste, virginee, pure, buone madri, mogli integerrime. I mariti, eventualmente, possono anche concedersi qualche viziosa libertà, magari frequentando i bordelli, che adesso hanno spesso un riconoscimento legale. Le donne no, non possono concedersi distrazioni erotiche; e se lo fanno devono affrontare una pesantissima sanzione sociale.

2. Nuove mappe del desiderio

Una delle particolarità di questa nuova società borghese è che le norme della rispettabilità sembrano stamparsi inflessibilmente anche sul regime che regola la visibilità dei corpi. Torniamo ancora alle abitudini della moda: nell'Ottocento un uomo e una donna rispettabili, a qualunque area dell'Occidente appartengano, devono andare in giro vestiti in modo tale da celare quasi ogni parte del loro corpo. Lo si vede anche nel *Balcone* di Manet: molto poco è visibile della superficie corporea delle persone che vi sono ritratte; restano scoperti solo il viso, il collo, le mani, e in qualche caso nemmeno quelle: la signorina a destra nel quadro indossa con annoiata eleganza un bel paio di guanti. Il corpo va nascosto. Modellato col corsetto, magari, ma nascosto. Niente si deve vedere che possa suscitare pensieri lubrici.

Sennonché quest'ultima essenziale norma della rispettabilità viene poi tradita clamorosamente in un momento importante della sociabilità di élite, nel quale le signore mutano completamente registro vestimentario. A far da contrappeso alla severità delle norme che regolano l'abbigliamento per il giorno irrompe infatti l'«improvviso tracollo» serale di quelle stesse norme, quando la bellezza femminile viene esaltata da generose scollature anteriori e posteriori e dalla talora integrale esposizione della nudità delle braccia [Figg. 13-14].

Fig. 13 (*a fronte*). Jean-Auguste-Dominique Ingres, *Madame de Senonnes*, 1814, olio su tela, 106x84. Nantes, Musée des Beaux Arts.

Certo sembra una cosa un po' strana: le signore, che devono apparire virginee, pure e caste, si presentano in occasioni speciali di sociabilità, riservate alle famiglie di classe alta, indossando vestiti che le fanno apparire come delle seducenti divinità pagane. Il paradosso, tuttavia, si scioglie osservando il significato relazionale che questi indumenti possiedono. Le signore non vestono abiti scollati o senza maniche quando escono per strada; né lo fanno nelle loro case, quando sono da sole; li indossano in incontri mondani in cui ci sono anche degli uomini della loro stessa classe sociale.

Del resto a quello servono le serate, i balli, i ricevimenti, le feste: a fare in modo che uomini e donne delle classi medio-alte possano incontrarsi in ambienti pubblici, ma riservati. *Troppo presto*, di Tissot [Fig. 15], è un quadro splendido dal punto di vista documentario, perché ci fa vedere come funziona una festa borghese: gli uomini sono vestiti di tutto punto, catafratti dal collo fino ai piedi, con la sola eccezione delle mani e del viso; le donne, invece, fanno audace mostra delle loro braccia, dell'incavo dei loro seni, della parte alta delle loro schiene.

Qui la sintassi vestimentaria impone una direzione degli sguardi che va da occhi maschili verso corpi femminili. E la direzione degli sguardi rimarca il fondamentale squilibrio nei rapporti di genere che regola la società ottocentesca,

Fig. 14 (*a fronte*). John Singer Sargent, *Madame X (Madame Pierre Gautreau)*, 1883-84, olio su tela, 208,6x109,9. New York, The Metropolitan Museum of Art.

Fig. 15. James Jacques-Joseph Tissot, *Troppo presto*, 1873, olio su tela, 71x102. Londra, Guildhall Art Gallery.

con gli uomini che si abbandonano a pensieri desideranti di cui le donne sono l'oggetto. Di nuovo, eccoci di fronte a una sequenza di coppie concettuali gerarchizzate: *coperto/scoperta*; *attivo/passiva*; *soggetto/oggetto*. Naturalmente nel concreto svolgersi delle relazioni può anche darsi che i rapporti si rovescino, che donne dal forte carattere sappiano farsi valere su uomini di più debole volontà: ma quand'anche sia così, il significato culturale delle scollature trasforma le donne in oggetti del desiderio, senza che ci sia alcuna evidente forma di reciprocità.

Peraltro, ancora più violenta è la asimmetria costruita dalla sintassi del visibile che domina il nudo pittorico ottocentesco. Come abbiamo già visto, la rappresentazione pittorica di corpi nudi non è certo un'invenzione del XIX secolo; tuttavia nell'Ottocento succede qualcosa di particolarmente interessante. Intanto il nudo ottocentesco è quasi esclusivamente femminile: finita la breve stagione del neoclassicismo, dall'inizio del secolo i nudi maschili quasi non si trovano più, mentre i nudi femminili letteralmente debordano. Non è solo la qualità dei nudi femminili che colpisce, ma è la loro impressionante quantità. E si tratta di nudi che non vengono commerciati in stanze oscure nei retrobottega dei mercanti d'arte; sono riprodotti in pitture *à la page*, esposte nelle più importanti mostre pubbliche, discusse sui giornali, acquistate da politici, imprenditori, avvocati, e usate per decorare eleganti interni borghesi.

Naturalmente, le regole che disciplinano questa produzione pittorica rispettano norme informali che si sono stabilite da secoli, secondo le quali la descrizione dei seni o delle natiche è realistica, mentre si deve procedere al rigoroso sigillamento grafico della vulva, cosicché nella zona genitale le figure femminili acquistano un po' l'aspetto tipico delle bambole, e anzi forse ne costituiscono la matrice ideale; inoltre la peluria ascellare e pubica dev'essere completamente assente; infine, lo sguardo delle figure femminili non deve essere rivolto verso lo spettatore, in modo da differenziarsi dalla grafica e dalla fotografia porno, in cui lo sguardo frontale si traduce in un invito diretto ad acquistare l'oggetto dell'illecito desiderio.

A queste norme, all'inizio dell'Ottocento se ne aggiunge un'altra: i nudi non possono assolutamente mai essere ambientati nella contemporaneità (come invece capita nella pittura rococò), ma solo in contesti allegorici, mitologici, storici o esotici. Questa regola serve a creare un effetto di straniamento, che dovrebbe allontanare ogni eventuale senso di colpa dalla mente di chi guarda: è un po' come se si dicesse: «sì adesso vediamo delle giovani donne nude, ma non ci riguardano, non sono le nostre, non sono le donne che ci stanno accanto, sono donne che appartengono a un altro luogo, ad altri costumi, a un altro tempo o alle fantasie del mito».

Sarà davvero così? Beh, vediamo.

Gli esempi di nudo femminile allegorico sarebbero infiniti, in particolare nel campo della rappresentazione delle nazioni, dei movimenti politici o dei loro valori. *La libertà che guida il popolo*, di Delacroix (1830), ne è un esempio sommo, e peraltro estremamente controverso. Come molte allegorie che rappresentano valori positivi, anche la *Libertà* di Delacroix ha il seno scoperto, simbolo che nella tradizione iconografica delle allegorie indica la capacità che una comunità o un valore politico ha di nutrire positivamente i propri figli o seguaci. Tuttavia quella del quadro di Delacroix è un'allegoria femminile in movimento, cosa molto rara nella tradizione iconografica precedente; inoltre è molto realistica; e poi brandisce un'arma dopo essersi posta alla testa di un manipolo di ribelli.

Nelle recensioni al *Salon* del 1831, nel corso del quale il quadro viene per la prima volta esposto al pubblico, diversi critici – sia di destra che di sinistra – palesano la loro perplessità di fronte a questo mescolare realismo e allegoria, ed esprimono delle valutazioni prevalentemente negative, poiché rimproverano all'autore di aver denobilitato l'allegoria: scrivono allora che la figura femminile è «schifosa», una «giovane vivandiera», «una donna di malaffare», «una donna di strada sporca e disonorata», «una donna ignobile», «una cortigiana di basso livello», «la più ignobile cortigiana delle più lerce vie di Parigi», «questa ragazza che ha l'aria di una svergognata»[7]. Heinrich Heine parla di una «dea della libertà», di una «Venere delle strade», una di quelle «svergognate peripatetiche i cui sciami la sera coprono i boulevard»[8]. Si tratta di reazioni di rifiuto che usano un codice tipicamente maschile di degradazione della figura femminile: la *Libertà* di Delacroix è inaccettabile (qualunque siano i motivi politici) perché sembra (o addirittura è) una prostituta, una donna di facili costumi; i critici del 1831 rifiutano l'idea che una donna in carne ed ossa, dotata di tutti i tratti della femminilità, possa combattere per davvero, per di più guidando un gruppo di uomini: se lo fa, è perché è certamente una puttana o una virago. E ci vorranno molti anni ancora prima che l'immagine di Delacroix possa essere accettata.

Molto meno problematici, invece, appaiono i nudi allegorici che interpretano pienamente l'idea di una sottomissione femminile, sebbene tale idea venga mimetizzata attraverso una sua proiezione nel mondo delle idee, dei valori, o persino della spiritualità, come nel caso della *Fiducia in Dio* [Fig. 16], scultura che Lorenzo Bartolini esegue nel 1836 per la marchesa Rosa Trivulzio, ispirandosi alla *Maddalena* di Canova – opera che a sua volta era stata esposta con successo al *Salon* parigino del 1808. Se in un lavoro come questo l'erotismo è trattenuto dal metalinguaggio allegorico, in altre opere di Bartolini, di ambientazione mitologica, anch'esse pienamente suggestionate dallo straordinario lavoro di Canova, l'attrattiva carnale delle figure non è celata in alcun modo.

Lo stesso si dica per il nudo mitologico in pittura, che ha il suo maestro riconosciuto in Ingres, un pittore che – come Bartolini – si forma originariamente alla scuola del neoclassicismo (nel suo caso sotto la guida di David) [Fig. 17]: pur collocandosi all'interno di una tradizione consolidatissima che attraversa tutta l'età moderna, Ingres offre il modello grafico al quale si ispirano numerosi altri suoi

Fig. 16. Lorenzo Bartolini, *La fiducia in Dio*, 1836, marmo, 93x43x61. Milano, Museo Poldi Pezzoli.

Fig. 17 (*a fronte*). Jean-Auguste-Dominique Ingres, *Venere Anadiomene*, 1808-48, olio su tela, 163x92. Chantilly, Musée Condé.

seguaci, tra i quali spicca, per esempio, William Bouguereau [Fig. 18].

Nelle rappresentazioni di nudità femminili ambientate nel contesto di un'antichità di fantasia eccelle invece Lawrence Alma-Tadema, che riscuote un notevole successo nella seconda metà dell'Ottocento con molte delle sue seducenti figure di donne che assaporano un qualche sibaritico momento di relax [Fig. 19].

Il nudo esotico, infine, deve di nuovo molto a Ingres, che, sviluppando una moda che ha già mosso i suoi primi passi proprio nel Settecento, contribuisce adesso ad alimentare una singolare passione per l'Oriente. Il senso culturale e politico di questo nuovo interesse è stato studiato per la prima volta in *Orientalismo*, un libro nel quale Edward W. Said ha esaminato il modo in cui intellettuali e politici dell'Europa ottocentesca, entrati in contatto con le civiltà orientali, le rappresentano e le descrivono. L'idea di un indefinito e omogeneo Oriente, un grande contenitore geografico all'interno del quale popoli e civiltà vengono schiacciati in figure e stereotipi uniformi, nasce certamente già in epoca moderna: tuttavia – osserva Said – l'«orientalismo» inteso come insieme organico di discipline scientifiche, di narrazioni letterarie e di rappresentazioni popolari che veicolano un'immagine stereotipata e rigida,

Fig. 18 (*a fronte*). William Bouguereau, *Nascita di Venere*, 1879, olio su tela, 300x215, particolare. Parigi, Musée d'Orsay.

Fig. 19. Lawrence Alma-Tadema, *Il tepidarium*, 1881, olio su tela, 24x33. Port Sunlight, Lady Lever Art Gallery.

applicata a civiltà a volte infinitamente diverse tra loro, si definisce solo a partire dalla fine del Settecento, e in modo particolare a partire da quella importantissima esperienza culturale – oltre che politico-militare – che è l'invasione napoleonica dell'Egitto.

Il punto essenziale di questo discorso sull'Oriente è l'enfatizzazione della sua alterità rispetto a ciò che è noto, e sembra naturale, alle opinioni pubbliche europee: quando si guarda all'«Oriente», alle sue credenze religiose, alle sue organizzazioni politiche, alle sue istituzioni culturali, alle sue pratiche sessuali, tutto sembra «strano», «primitivo», «barbaro», che è quanto dire inferiore rispetto alle credenze, alle istituzioni o alle pratiche occidentali. Che tutto questo approccio all'«Oriente» dia una descrizione infondata delle varie civiltà medio-orientali e asiatiche è una parte integrante di questo sistema concettuale. Scrive Said:

> Ciò cui occorre prestare attenzione [nel ricostruire il discorso orientalista] sono lo stile, le figure retoriche, il contesto, gli artifici narrativi, le circostanze storiche e sociali, e *non* la correttezza della rappresentazione, la sua fedeltà rispetto all'originale. [...] Nel discorso culturale, e negli scambi intraculturali, a circolare non sono «verità» ma rappresentazioni. [In definitiva], qualcosa come un Oriente oggettivo, in sé e per sé, non è mai esistito, così come non è mai esistito un orientalismo puramente scientifico e poetico, del tutto innocente e disinteressato[9].

Peraltro, questa attitudine sprezzante, e poi la vera e propria aggressività militare che caratterizzerà l'epoca dell'imperialismo, ha anche un altro aspetto che ci riguarda più da vicino:

> Oltre a operare una separazione tra gli orientali e i popoli considerati progrediti, civili e potenti, e a trascurare completamente l'Oriente moderno in virtù del suo interesse per l'Oriente «classico», l'orientalismo latente incoraggia una visione del mondo peculiarmente (per non dire sgradevolmente) maschile. [...] L'orientalismo stesso era una provincia esclusivamente maschile; come tante altre corporazioni professionali del secolo scorso [XIX secolo], esso vedeva se stesso e il proprio oggetto attraverso lenti sessuali. Ciò è ben evidente negli scritti di viaggiatori e romanzieri: la donna [orientale] è quasi sempre una creazione delle fantasie di predominio dell'uomo; esprime una illimitata sensualità, è più o meno stupida e, soprattutto, disponibile[10].

Ora, le donne orientali di Ingres appartengono proprio a questa declinazione culturale: sono diverse, piuttosto barbariche, lascive, collocate in contesti descritti senza alcun realismo (gli harem, in particolare), e consentono un'osservazione di nudità femminili pesantemente erotizzate attraverso lo schema rassicurante dello straniamento che l'esotismo porta con sé [Fig. 20].

La massa di corpi femminili che si dispongono nello spazio del *Bagno turco* sembra offrire il massimo dell'oggettivazione del corpo femminile fantasticato da occhi maschili. E se in qualche osservatore quadri di questo tipo suscitano perplessità critiche legate a una visione più rigorosa della rispettabilità borghese, in molti altri non creano alcun problema: anzi questo genere pittorico si impone e stimola l'imitazione da parte di altri autori che – muovendosi sulla

Fig. 20. Jean-Auguste-Dominique Ingres, *Bagno turco*, 1862, olio su legno, 108x110. Parigi, Musée du Louvre.

scia di Ingres – si ritagliano una loro presenza sulla scena culturale e soprattutto sul mercato dell'arte, come nel caso del suo allievo prediletto, Théodore Chassériau, o come nel caso di Jean-Léon Gérôme, che ha una ricca produzione di nudi e riscuote un grandissimo successo nel mercato dell'arte nella seconda metà dell'Ottocento [Fig. 21].

Uomini che dipingono corpi nudi di donne giovani e belle, a esclusivo beneficio (o quasi) di occhi maschili: potremmo riassumere così l'essenza del nudo pittorico ottocentesco, elaborato in quadri spesso molto efficaci, da cui trapela un evidente desiderio sessuale che tuttavia, diversamente da ciò che accadeva nella pittura rococò, non si traduce mai in rappresentazioni che parlino di una reciprocità del desiderio vissuta essenzialmente su un piano di parità. Nei *Salons* o nel mercato dell'arte ottocentesco si fa fatica a trovare immagini che descrivano coppie colte nell'attimo del più intenso incontro erotico; e quando ciò accade, i baci appassionati preludono a una separazione (come nel caso del *Bacio* di Hayez, del 1859, esplicitamente rititolato *Il bacio del volontario*) o a una tragedia (a questo rimandano le numerose versioni grafiche dei baci di Paolo e Francesca o di Giulietta e Romeo).

Non si tratta di un caso: l'orizzonte morale delle élites ottocentesche annulla le franchigie che il Settecento aveva riconosciuto all'erotismo, che adesso esce di scena, cioè diventa qualcosa di «osceno», di non parlabile, di non rappresentabile, da rinchiudere solo nello spazio illecito della pornografia. L'associazione dell'amore alla morte, certo

Fig. 21. Jean-Léon Gérôme, *Bagno turco*, 1870, olio su tela, 50,8x40,6. Boston, Museum of Fine Arts.

un tema estraneo alla rappresentazione dell'erotico nella cultura settecentesca (De Sade a parte), diventa adesso un *topos* culturale centrale, di cui è maestro, in modo particolare, Richard Wagner. Si tratta di un'associazione che – ovviamente – non esalta la passione amorosa, e anzi semmai ne enfatizza la pericolosità, specie per gli uomini che, esposti ai travolgenti poteri di seduzione delle donne, rischiano di perdere la propria virilità e la propria integrità morale.

È inscrivendola in questa cornice etica che Wagner concepisce una delle scene chiave di *Parsifal*, sua ultima grande opera (1882): l'eroe eponimo, nel tentativo di risollevare le sorti della compagnia del Graal, va all'assalto del castello del mago Klingsor, che ha ferito irrimediabilmente il capo dei cavalieri del Graal, Amfortas. Quando Parsifal arriva, dopo aver facilmente sconfitto i guerrieri del mago, deve affrontare la prova più difficile: nel giardino del castello, infatti, viene attorniato da un nugolo di bellissime fanciulle-fiore che cercano in tutti i modi di sedurlo. Parsifal prima si fa incantare, ma poi resiste e le allontana da sé. È allora che sopraggiunge Kundry, donna bellissima e ambigua, che tenta anche lei di sedurlo per conto di Klingsor. La seduzione dura a lungo, in una scena memorabile in cui Kundry alla fine riesce a vincere le resistenze di Parsifal, attirandolo verso di sé in un appassionatissimo bacio. Ma è proprio in quel momento che il cavaliere ritorna in sé e capisce che la donna è il pericolo, e l'eros è la morte – morale, se non propriamente fisica –, giacché lo allontana dalla sua missione. Parsifal, allora, tornato alla piena consapevolezza di sé, allontana la bella donna – pericolosa sirena incantatrice (un tema prediletto da molta arte tardo-ottocentesca) – e torna alla sua eroica impresa, quella di combattere e sconfiggere Klingsor.

Il disagio di fronte all'eros che trapela da narrazioni di questo genere trova una sua codificazione nell'elaborazione medico-scientifica che domina la cultura ottocentesca, e che categorizza ogni pratica sessuale non finalizzata alla riproduzione come frutto di un'inclinazione perversa. Inoltre, in una serie di opere scientifiche pubblicate alla fine dell'Ottocento (tra cui particolarmente importanti *Psychopathia sexualis*, di Richard von Krafft-Ebing, del 1886, o *La donna delinquente, la prostituta e la donna normale*, pubblicata nel 1893 e scritta da Cesare Lombroso e Guglielmo Ferrero) prende forma anche una doppia immagine della sessualità, in particolare di quella femminile.

Von Krafft-Ebing ritiene che le donne siano caratterizzate da una sostanziale passività psico-sessuale, che ne fa dei puri oggetti del desiderio maschile:

> «Nella donna,» sostiene, «una volontaria sottomissione all'altro sesso è una manifestazione fisiologica. A causa del suo ruolo passivo nell'atto della procreazione e della sua tradizionale condizione sociale, l'idea di sottomissione, in una donna, è generalmente associata a quella di relazione sessuale. Essa forma, per così dire, la struttura armonica che intona il sentimento femminile». La stessa natura, insiste Krafft-Ebing, ha donato alla donna «un istintivo impulso a sottomettersi volontariamente all'uomo; [il quale] avrà avuto occasione di notare come un'esagerata mostra di galanteria non sia molto apprezzata da una donna, mentre una ostentazione della propria autorità, sebbene diffusamente

biasimata, sia spesso accettata con segreta soddisfazione. In una società raffinata si può notare come, nella donna, l'istinto di sottomissione sia sempre e dovunque riscontrabile»[11].

Impostazioni di questo genere trovano un loro peculiare rispecchiamento nelle narrazioni discorsive e grafiche che elaborano il tema della donna innamorata e fragile, talmente subalterna da non reggere al peso di un rifiuto maschile. Ofelia (personaggio rilanciato dall'ottocentesco revival shakespeariano) e la Lady di Shalott (protagonista di un poema scritto nel 1833 da Tennyson) sono le figure più rappresentative di questa galleria di donne evanescenti, così totalmente in balia di una sprezzante volontà maschile da auto-condannarsi alla follia e alla morte. La loro passività e la loro dipendenza sono tali che non riescono a concepire la possibilità di un'autonoma reazione di fronte al rifiuto o al disprezzo maschile, nemmeno rivolgendo il loro amore verso un altro uomo, magari meno affascinante del loro originario oggetto del desiderio, ma finalmente sensibile alla loro bellezza e alle loro qualità. Né reggono alla scoperta della nequizia dell'uomo amato, come nel caso di Ofelia, che alla notizia che Amleto è l'assassino di suo padre si lascia morire in un ruscello, ormai fuori di senno. Queste storie sono tristemente tragiche: nondimeno – e piuttosto significativamente – artisti come Millais o Waterhouse puntano magistralmente a una brillante *glamourizzazione* di queste povere figure femminili, che in realtà esalta l'integrale sottomissione psicofisica della donna a una ferrea (per quanto talora distorta) volontà maschile [Fig. 22].

Fig. 22. John Everett Millais, *Ophelia*, 1851-52, olio su tela, 76,2x111,8. Londra, Tate Gallery.

Rispetto a von Krafft-Ebing, Lombroso propone un'interpretazione relativamente più articolata della sessualità femminile: egli ritiene che la passività della donna sia un positivo effetto del processo di civilizzazione, che l'ha condotta a meglio controllare i propri istinti sessuali, potenzialmente più numerosi e forti di quelli dell'uomo, indirizzandoli piuttosto verso l'istinto riproduttivo e materno, vera apoteosi della donna «normale». Coerente con questa premessa, Lombroso ritiene che la sessualità esagerata e deliberatamente sterile delle donne «criminali» (le prostitute, per esempio) non manifesti altro che il riemergere di un complesso di istinti atavici, che solo le donne «per bene» sanno adeguatamente controllare.

Questo modo di considerare i rapporti tra i sessi tende a confermare la doppia morale sessuale dalla prospettiva delle scienze mediche: da un lato riconosce agli uomini una «naturale» inclinazione all'attività sessuale, che in mancanza di meglio può legittimamente trovare soddisfazione anche nei rapporti con prostitute; dall'altro tende a negare tenacemente la possibilità di «naturali» esperienze erotiche femminili, che non siano orientate alla riproduzione e alla maternità.

Si tratta di un discorso che vuole conservare le asimmetrie che regolano i rapporti tra uomini e donne. Ma si tratta anche di un discorso sul quale si proiettano ansie culturali e politiche di più vasta portata. Le esprime con grande chiarezza Auguste Forel – psichiatra e sessuologo svizzero – nel suo libro *La questione sessuale* (1906), quando spiega che le donne che cercano uno sterile piacere sessuale, dimenticando il loro ruolo di madri, non fanno altro che dare un contributo drammatico alla degenerazione dell'intera comunità sociale alla quale appartengono, poiché la destinano a un declino demografico che può essere il primo passo verso la completa decadenza: «La tendenza attuale della donna a ricercare i piaceri e ad accantonare i doveri della maternità – scrive Forel – conduce alla degenerazione della società. Ciò comporta un grave danno, che muta rapidamente le caratteristiche di una società e la sua capacità di espansione e deve essere contenuto in tempo, altrimenti la razza, affetta da quel male, sarà sostituita da un'altra»[12].

Questa integrale rimozione dell'eros, che per le donne è severamente disciplinante, lascia tuttavia spazio a un'aggressività erotica maschile a stento repressa, e molto gerarchicamente strutturata. Tanto nel campo letterario quanto nella produzione artistica[13], non mancano visioni che trasformano le pulsioni desideranti maschili in incontrollate fantasie di dominio. Questi aspetti appaiono particolarmente evidenti quando ci si trova di fronte a rappresentazioni grafiche che raccontano la classica storia della «donzella in pericolo» salvata dal buon cavaliere. Di nuovo è Ingres a segnare la strada, con Ruggero che salva Angelica (in questo caso è *L'Orlando Furioso* che lo ispira, per un quadro acquistato da Luigi XVIII) [Fig. 23]. Più tardi, fra gli altri, anche John Everett Millais racconta di un cavaliere errante che libera una donzella legata a un albero, completamente nuda [Fig. 24]. Al loro primo apparire entrambi i quadri suscitano anche reazioni negative; tuttavia poi riescono ra-

Fig. 23. Jean-Auguste-Dominique Ingres, *Ruggero libera Angelica*, 1819, olio su tela, 147x190. Parigi, Musée du Louvre.

Fig. 24 (*a fronte*). John Everett Millais, *Il cavaliere errante*, 1870, olio su tela, 184x135. Londra, Tate Gallery.

pidamente a imporsi, sebbene Millais debba operare un intervento piuttosto radicale, mutando la postura del viso della donna liberata dal cavaliere errante, originariamente rivolto verso lo spettatore.

Il senso di questi racconti dovrebbe essere positivo e dovrebbe parlare dell'uomo coraggioso e nobile che va a salvare creature deboli e in pericolo. Tuttavia mi sembra che in simili fantasie visuali l'asimmetria di genere sia particolarmente evidente e decisamente umiliante per la figura femminile. Maschi interamente coperti da un'armatura, con una lancia o una spada, che vanno a liberare donne completamente nude e legate: non c'è neanche bisogno di scomodare Freud per capire che qui c'è qualcosa di perturbante. Peraltro, ancora più eloquenti e inquietanti, in questo senso, sono altri quadri assai di moda nel secondo Ottocento, come ad esempio la nutrita serie di immagini che Jean-Léon Gérôme dedica ai mercati delle schiave [Fig. 25]: ambientati in un ipotetico Oriente ottomano o in qualche indefinita antichità classica, rappresentano giovani donne completamente svestite, vendute a mercanti che ne saggiano la dentatura come se si trattasse di animali, oppure offerte a una folla di uomini che si accalcano per offrire il prezzo migliore: e qui siamo di certo al massimo dell'umiliazione e della mortificazione della presenza femminile.

Fig. 25 (*a fronte*). Jean-Léon Gérôme, *Vendita di una schiava*, 1884 circa, olio su tela, 92x74. San Pietroburgo, Hermitage.

3. Ribellioni

«Umiliazione», «mortificazione»: sono valutazioni che oso immaginare appartengano alla «nostra» sensibilità. Ma non a quella ottocentesca. Perché nell'Ottocento le cose vanno molto diversamente: all'epoca queste immagini sono apprezzate, ricercate e avidamente acquistate. Anche se, di quando in quando, clamorosi gesti di ribellione tentano di mettere in discussione la logica di questo regime visuale ed etico. Due slanci trasgressivi meritano particolare attenzione: il primo passa attraverso altre due opere d'arte di straordinaria qualità estetica; il secondo è un gesto più politico, e più direttamente aggressivo. Vediamo di che si tratta.

Parigi, primavera del 1863. Il 1° maggio si inaugura l'Esposizione biennale d'arte, uno degli eventi espositivi più importanti, non solo in Francia ma nel mondo intero, per quanto riguarda la pittura. Nel 1863 la giuria è particolarmente severa, poiché delle cinquemila opere presentate ne scarta 2783, una cifra insolita rispetto agli anni precedenti. Scoppia un putiferio. Gli artisti esclusi protestano, e le proteste rimbalzano sui giornali. Napoleone III in persona è costretto a intervenire, e decide che accanto all'Esposizione ufficiale ne venga allestita un'altra, il *Salon des Refusés*, l'Esposizione dei rifiutati: i pittori che non sono stati ammessi all'Esposizione di «serie A» andranno nell'Esposizione di «serie B». Ma non tutti i pittori che hanno visto le loro opere rifiutate accettano di andare al *Salon des Refusés*. Molti lo considerano degradante, tanto che delle 2783 opere rifiutate solo 781 vengono effettivamente esposte. Nondimeno le due esposizioni parallele si fanno. Ed entrambe suscitano un grandissimo interesse.

Quella ufficiale è talmente piena di nudi femminili che Théophile Gautier la ribattezza subito l'«Esposizione delle Veneri». Fra i quadri che hanno più successo c'è la *Venere* di Cabanel, che innova la tradizione delle Veneri che nascono dalle acque poiché, invece di fare una Venere in piedi, la fa mollemente adagiata sulle onde [Fig. 26]. Oltre

Fig. 26. Alexandre Cabanel, *La nascita di Venere*, 1863, olio su tela, 130x225. Parigi, Musée d'Orsay.

a Cabanel c'è Baudry, con un quadro intitolato *La perla e l'onda (una favola persiana)* [Fig. 27]. Il titolo suggerisce un'ambientazione mitico-orientale, che però non emerge con evidenza dall'impianto del quadro, cosicché i critici che ne scrivono sui giornali ne parlano come di un altro dipinto dedicato a Venere Anadiomene. I due quadri sono le vere hit dell'esposizione; e se qualche benpensante mugugna di fronte a queste sensuali nudità, entrambe le opere sono trionfalmente acquistate da Napoleone III e consorte, la prima per 15 mila franchi, la seconda per 20 mila, che per l'epoca sono cifre del tutto ragguardevoli[14].

Intanto, al *Salon des Refusés* espone un giovane pittore che nel 1861 ha già presentato due quadri al *Salon* ufficiale,

Fig. 27. Paul-Jacques-Aimé Baudry, *La perla e l'onda (una favola persiana)*, 1862, olio su tela, 83,5x178. Madrid, Museo del Prado.

con un buon successo di critica. Ma nel 1863 ha proposto tre lavori che sono stati respinti, e che quindi sono finiti nell'Esposizione di «serie B». Questo pittore si chiama Édouard Manet, i suoi tre quadri sono *Giovane uomo in costume di «majo»*, *Victorine Meurent in costume di «espada»* e *Il bagno* (questo il titolo con cui *Colazione sull'erba* viene presentato al *Salon*). Ed è proprio quest'ultimo ad apparire particolarmente sconcertante, sia alla critica che al pubblico [Fig. 28].

È un'opera stranissima. È molto grande (208x264,5 cm), e questo non è un particolare irrilevante, perché una dimensione di questo tipo di solito è riservata a opere storiche, mitologiche o religiose. Invece, a prima vista, il quadro di Manet sembra solo una banale scena di genere, di impianto realistico. Già questa è una mossa polemica, come se il pittore volesse mettere la sua elaborazione allo stesso livello dei generi pittorici a cui ancora alla metà dell'Ottocento si attribuisce il massimo della dignità espressiva. Ma che tipo di narrazione Manet voglia nobilitare è praticamente impossibile dirlo, poiché la struttura narrativa del quadro è – almeno in apparenza – del tutto indecifrabile. Le tre persone in primo piano sembrano impegnate in una conversazione interrotta dal sopraggiungere di una quinta persona (colui o colei che sta guardando il quadro), verso la quale la donna in primo piano rivolge uno sguardo distratto, come se trovarsi lì, completamente nuda, di fronte a due uomini vestiti di tutto punto, sia per lei una cosa assolutamente naturale. Ed eccoci a un aspet-

Fig. 28. Édouard Manet, *Colazione sull'erba*, 1863, olio su tela, 208x264,5. Parigi, Musée d'Orsay.

to chiave del quadro: qualunque cosa stia raccontando, Manet lo fa infrangendo una regola ferrea dell'arte ottocentesca, che vieta di collocare figure nude all'interno di un contesto contemporaneo.

Per l'una o per l'altra di queste ragioni, il quadro suscita reazioni estremamente critiche. Le cronache dell'epoca dicono che quando si trovano di fronte al quadro molti visitatori del *Salon des Refusés* si mettono a ridere, a volte anche sguaiatamente, giudicandolo inaccettabilmente incongruo. La reazione della critica non è meno aspra. Le osservazioni, in questo caso, riguardano l'impianto stilistico complessivo del quadro, come anche la sua immoralità. Diversi critici non hanno dubbi nell'interpretare la donna nuda come una prostituta. E forse, al fondo, non è neanche un'interpretazione del tutto sbagliata, anche se è certamente molto rozza: pure ammettendo che le cose stiano così, continua a non essere chiaro cosa stia capitando: se quella è una prostituta, lei e i suoi compagni cosa stanno facendo, esattamente? Non è in corso un atto sessuale. Né sembra che si sia appena concluso. Né che ci si stia preparando a consumarlo. E allora?

L'imbarazzo interpretativo che disorienta i critici dell'epoca non viene sciolto da Manet, che non offre mai una sua interpretazione ufficiale. Tuttavia ci sono altri elementi significativi da prendere in considerazione, notati già da alcuni commentatori contemporanei. Il primo punto riguarda le fonti classiche del quadro. Una è individuata da Ernest Chesneau in un suo saggio del 1864, ed è l'incisione di Marcantonio Raimondi, del 1517-20, intitolata *Il giudizio di Paride* [Fig. 29] e derivata da un dipinto perduto di Raffaello, dal quale Manet copia le tre figure in basso a destra, che rappresentano due divinità fluviali e una ninfa acquatica.

Il riferimento a un'opera classica ha lo stesso senso della dimensione scelta da Manet: nobilitare la sua opera. Appare tuttavia chiaro lo scostamento dal quadro di Raffaello e dall'incisione di Raimondi: Manet copia quasi integralmente le posizioni delle tre figure ma ricopre le nudità dei due personaggi maschili.

Il secondo riferimento è anche più importante, e viene individuato subito nel 1863 da Zacharie Astruc e da Philip Hamerton, i quali osservano che una fonte di ispirazione può essere stata il *Concerto campestre*, un'opera all'epoca attribuita a Giorgione. La disposizione delle figure è diversa, ma la struttura compositiva è simile: due figure maschili vestite, due femminili nude, in un contesto narrativo enigmatico tanto quanto quello della *Colazione*. Secondo Anne McCauley[15] il nesso intertestuale è determinante per capire almeno una delle possibili interpretazioni del quadro. Questa associazione con Giorgione, infatti, permette di sostenere che il quadro di Manet è solo un'esercitazione formale, proprio come i quadri di Giorgione, che non hanno praticamente mai un soggetto chiaramente comprensibile.

Riguardo a Giorgione la tesi, nell'Ottocento, viene sostenuta da Stendhal, Arsène Houssaye, Antoine Fleury e Marcel-Jérôme Rigollot; e l'avvicinamento a Giorgione rafforza la linea di difesa che Émile Zola adotta nel suo

INGENIVM VIRTVS
REGNA AVRVM

Fig. 29. Marcantonio Raimondi, *Il giudizio di Paride*, 1517-20 circa, incisione, 29,4x43,5. Boston, Museum of Fine Arts.

Édouard Manet, studio biografico e critico (1867), saggio scritto per sostenere il valore della pittura di Manet. Zola vi afferma che questa pittura va valutata solo sul piano puramente estetico, come se fosse un esercizio di arte per l'arte, senza alcun particolare intento narrativo (una linea interpretativa ripresa, un secolo più tardi, da Michel Foucault):

Le Déjeuner sur l'herbe – scrive Zola – è la tela più grande di Édouard Manet, quella in cui ha realizzato il sogno di tutti i pittori: mettere in un paesaggio figure di grandezza naturale. È noto con quanta potenza abbia superato questa difficoltà. C'è del fogliame, alcuni tronchi d'albero, e, sullo sfondo, un fiume nel quale una donna con indosso una camicia fa il bagno; in primo piano, due giovani sono seduti di fronte a una seconda donna, che è appena uscita dall'acqua e si asciuga la pelle nuda all'aria aperta. Questa donna nuda ha scandalizzato il pubblico, che ha visto solo lei sulla tela. Buon Dio! che indecenza: una donna senza nemmeno un velo in mezzo a due uomini vestiti! Non si era mai visto. Convinzione, questa, grossolanamente sbagliata, in quanto al museo del Louvre vi sono oltre cinquanta dipinti in cui si trovano messi insieme personaggi vestiti e personaggi nudi. Nessuno però va al museo del Louvre in cerca di scandalo. D'altra parte la gente si è ben guardata dal giudicare *Le Déjeuner sur l'herbe* così come andrebbe giudicata una vera opera d'arte; ha visto soltanto persone che mangiavano sull'erba, dopo un bagno, e ha creduto che l'artista, nel disporre il soggetto, avesse messo un'intenzione di oscenità e di scalpore, quando invece aveva semplicemente cercato di ottenere forti contrasti e semplici masse. I pittori, soprattutto Édouard Manet che è un pittore analista, non hanno quella preoccupazione del soggetto, che tormenta soprattutto la gente; per loro il soggetto è un pretesto da dipingere, mentre per la gente è la sola cosa che esista. Sicuramente, perciò, la donna nuda del *Déjeuner sur l'herbe* è là al solo scopo di offrire all'artista l'occasione di dipingere un po' di carne. Ciò che si deve vedere nel dipinto non è una colazione sull'erba, ma l'intero paesaggio, con il suo vigore e la sua grazia, coi suoi primi piani così ampi e così solidi, e gli sfondi di così tenue delicatezza; sono quelle carni sode, modellate per grandi fasci di luce, quelle stoffe morbide e forti, e soprattutto quel delizioso profilo di donna, una adorabile macchia bianca in mezzo a foglie verdi; è infine quell'insieme ampio, pieno di aria, quell'angolo di natura ritratto con una semplicità così perfetta, tutta quella pagina mirabile in cui un artista ha messo gli elementi peculiari e rari che erano in lui[16].

In tal modo, per Zola, *Colazione sull'erba* diventa una sorta di manifesto che proclama il diritto del pittore a trattare qualunque soggetto gli sembri appropriato, senza alcuna preoccupazione narrativa. Interpretazione influente, e forse vicina alle intenzioni di Manet, considerato il rapporto di amicizia che lega Zola a lui e ad altri pittori del suo gruppo. Ma anche interpretazione alquanto elusiva, che lascia aperte tutte le domande suscitate dall'opera: perché proprio quella scena? E perché i personaggi sono disposti in quel modo?

Ora, c'è da capire Zola, che vuole a tutti i costi difendere il suo amico e la sua straordinaria proposta artistica. Tuttavia non riesco a essere d'accordo con lui quando trasforma il soggetto della *Colazione* in qualcosa di puramente accessorio, del tutto irrilevante rispetto alla ricerca estetica che guida il pittore. No, la scelta non è casuale. Ed è del tutto fuorviante il rinvio che Zola fa al nudo classico, largamente presente nelle sale del Louvre. Perché il punto è che Manet infrange deliberatamente la regola della delocalizzazione spazio-temporale, rispettata invece dai molti nudi che si trovano al Louvre. L'ambientazione contemporanea della *Colazione* ha un suo preciso significato. Lo espliciterò avanzando un'ipotesi: è come se Manet dicesse agli spettatori, agli uomini che guardano: «Beh, anche quando siete impegnati in una conversazione con una bella donna, voi la vedete così. È per questo che vi piacciono tanto le Veneri e le odalische: perché è questo che ossessivamente abita i vostri pensieri».

Sovrainterpreto? Non credo. In quello stesso 1863 Manet ha dipinto un altro quadro, *Olympia*, che espone due anni più tardi, questa volta al *Salon* ufficiale [Fig. 30].

Olympia ha un'accoglienza anche più negativa della *Colazione*. Di nuovo la gente ride sguaiatamente; le spettatrici distolgono lo sguardo; alcuni protestano sonoramente, finché i responsabili del *Salon* non decidono di spostare la tela sopra una porta, così in alto che quasi non è più visibile. In effetti, come per la *Colazione*, anche qui la convenzione della dislocazione spazio-temporale viene apertamente infranta, così come viene infranta la regola secondo la quale una figura femminile nuda non deve fissare il suo sguardo in direzione degli spettatori. D'altronde, nessuno dei commentatori dubita che si tratti della raffigurazione di una prostituta rappresentata su una tela dalle dimensioni normalmente riservate a una delle tante Veneri che popolano il paesaggio artistico coevo. E in effetti sembra proprio che Manet abbia voluto ritrarre una prostituta, servendosi sempre della medesima modella che ha usato per la *Colazione* e per molti altri suoi quadri (Victorine Meurent): o, almeno, questo è ciò che suggerisce Zola nel saggio citato in precedenza. Anche parlando di *Olympia* egli adotta la linea di difesa dell'assoluta libertà artistica; ma in questo caso è meno reticente nell'alludere al contenuto del quadro:

Lo stesso corpo della ragazza ha pallori incantevoli; è una fanciulla di sedici anni, forse una modella che Édouard Manet ha tranquillamente copiato tale e quale. E tutti hanno gridato: quel corpo nudo è parso indecente; così doveva essere, perché è carne, una ragazza che l'artista ha gettato sulla tela nella sua nudità giovane e già sfiorita. Quando i nostri artisti ci danno delle Veneri, correggono la natura, mentono. Édouard Manet si è chiesto perché mentire, perché non dire la verità; ci ha fatto conoscere Olympia, questa figlia del nostro tempo, che incontrate sui marciapiedi, con le magre spalle strette in uno scialletto di lana stinta. Il pubblico, come sempre, si è ben guardato dal capire quel che il pittore voleva; vi sono stati alcuni che nel dipinto hanno cercato un senso filosofico; ad altri, più licenziosi, non sarebbe dispiaciuto trovarvi un'intenzione oscena. Dite loro dunque ad alta voce, caro maestro, che non siete affatto quel che essi pensano, che un quadro per voi è un semplice pretesto per un'analisi. Avevate bisogno di una donna nuda, e avete scelto Olympia, la prima che è capitata; avevate bisogno di macchie chiare e luminose, e avete messo un mazzo di fiori; avevate bisogno di macchie scure, e in un angolo avete messo una negra e un gatto. Che vuol dire tutto ciò? Voi non lo sapete, e io neanche. Io però so che siete riuscito in modo ammirevole a fare opera di pittore, di grande pittore, a tradurre cioè in modo energico e in un linguaggio particolare le verità della luce e dell'ombra, le realtà degli oggetti e delle creature[17].

Fig. 30. Édouard Manet, *Olympia*, 1863, olio su tela, 130x190.
Parigi, Musée d'Orsay.

L'interpretazione che vuole che Olympia sia una prostituta è, in effetti, piuttosto certa, ed avvalorata anche da un quadro di Paul Cézanne, del 1873-74, che si intitola *Una moderna Olympia* [Fig. 31]. Sembra confermarlo anche l'uso di modelli classici di riferimento, alcuni dei quali immediatamente riconosciuti. Uno, molto chiaro, è la *Venere di Urbino* di Tiziano, un quadro che Manet ha visto visitando gli Uffizi, a Firenze, e che ha riprodotto in un piccolo olio su tavola nel 1856. Oggi non si hanno dubbi nel ritenere che quello di Tiziano sia un quadro nuziale, ma a metà Ottocento vale ancora l'interpretazione secondo la quale il quadro rappresenta una giovane cortigiana.

Di recente Serena Romano ha suggerito che un altro modello dovrebbe esser trovato nella lunga sequenza di rappresentazioni di Danae, la figlia di Acrisio, re di Argo, che la rinchiude in una torre di bronzo perché spaventato da una profezia secondo la quale il figlio di lei lo ucciderà; ma Giove, che si invaghisce della fanciulla, la feconda visitandola nella forma di una pioggia d'oro. Il riferimento a Danae potrebbe aver suggerito il particolare della serva, presente in molte rappresentazioni di questo episodio mitologico, così come nel quadro di Manet. Danae, inoltre, in epoca moderna diventa un'immagine che allude alla prostituzione, e la serva si trasforma in un'avida mezzana.

E dunque l'interpretazione degli spettatori o dei critici non è tendenziosa: quella è proprio una prostituta. Solo che l'immagine di una prostituta nuda, in un contesto contemporaneo, con quell'atteggiamento di sfida, sembra assolutamente insopportabile. Perché? Osserva, al riguardo, Serena Romano: «Ciò che fece veramente indignare i benpensanti è che [Olympia] gestisce se stessa e controlla i propri sentimenti e ancor più i propri sensi – vale a dire, gli strumenti del mestiere. Inequivocabile è la mano sinistra: [...] è piazzata a chiudere saldamente il luogo, diciamo così, del potenziale commercio. Anche se è nuda, nulla accadrà se lei non vuole; il suo sguardo domina, indifferente, l'osservatore, gli toglie l'illusione che nudità significhi anche subordinazione»[18].

Non solo: confrontando la *Colazione* con *Olympia*, ho la netta sensazione che Manet abbia voluto essere il più chiaro, il più diretto, il più esplicito possibile nel dire agli spettatori uomini: «Voi vi dilettate di Veneri e di odalische, ma quando le guardate avete in mente la prostituta che probabilmente andrete a visitare non appena uscirete di qui: è questo, e solo questo, che vi interessa».

È ben comprensibile, dunque, che un quadro di questo tipo risulti particolarmente urticante. E non sorprende che Manet sia di nuovo subissato da tante e tali critiche che poi non farà più quadri così eversivi, ritraendosi verso soggetti molto meno aggressivi. Il suo straordinario gesto di ribellione va quasi a finire in niente.

Ma forse è persino peggio di così. Non solo il quadro viene respinto e non ha successo sul mercato, ma pochi anni dopo viene sfruttato da uno dei nuovi meccanismi comunicativi che stanno prendendo forma proprio alla fine del XIX

Fig. 31. Paul Cézanne,
Une moderne Olympia,
1873-74, olio su tela, 46x55.
Parigi, Musée d'Orsay.

secolo, cioè la pubblicità commerciale. Si guardi in particolare la pubblicità del sapone Pears (forse 1889) [Fig. 32], e la si metta a confronto con l'*Olympia*. Mi sembra abbastanza chiaro che chi si è inventato la pubblicità del sapone avesse in mente proprio il quadro di Manet. Solo che il senso dell'immagine è completamente capovolto. Nella pubblicità non c'è niente di eversivo. La narrazione è semplice, e pone le basi per un uso del corpo femminile che diventerà uno standard ripetuto sino alla nausea nella comunicazione pubblicitaria dei cento e più anni seguenti. Il sottotesto del manifesto potrebbe essere questo: «se vuoi essere bella e seducente, come è bella e seducente questa signora mollemente sdraiata sul divano, compra il sapone Pears». E c'è anche un plusvalore razzista in questo caso, perché la domestica di colore diventa una schiava discinta che è al servizio della bella dama bianca al centro della narrazione. Peraltro da lì in avanti le pubblicità commerciali continueranno a mettere in scena questo dispositivo narrativo, che parla a occhi femminili sollecitando l'identificazione («se vuoi essere bella come questa donna, compra il prodotto tale»), e a occhi maschili sollecitando il desiderio («se vuoi che la tua donna sia così bella, comprale il prodotto talaltro»).

La ribellione di Manet, in definitiva, non ha un grande successo. Nondimeno, una cinquantina di anni dopo un'altra trasgressione, nata dal cuore del vivace movimento suffragista formatosi negli Stati Uniti e nel Regno Unito sin dalla fine del XIX secolo, rimetterà in discussione lo statuto e il senso del nudo pittorico femminile.

Fig. 32. Pubblicità per il sapone Pears, fine XIX secolo.

Il movimento suffragista anglo-americano di fine Ottocento-inizio Novecento chiede a gran voce il diritto di voto per le donne, e poi, in prospettiva, una più piena parità di genere. Nel Regno Unito il movimento è particolarmente dinamico, articolato in varie associazioni, molto attive, con una militanza di molte decine di migliaia di donne. Fra le varie associazioni la più forte è la Women's Social and Political Union (WSPU), fondata nel 1903 da Emmeline Pankhurst. Le sue militanti cercano insistentemente di essere ascoltate dall'opinione pubblica e dai partiti, rivolgendosi soprattutto ai parlamentari liberali, ai quali chiedono ripetutamente di presentare in Parlamento un disegno di legge che estenda il diritto di voto anche alle donne.

Dal momento che i liberali non sembrano affatto sensibili, le suffragiste di Emmeline Pankhurst cercano di dialogare con i sindacati e con il primo gruppo parlamentare laburista che si affaccia in Parlamento, nel 1906. Ma niente, anche in questo caso non ricevono ascolto, cosicché dal 1912 al 1914 radicalizzano i loro metodi di protesta: sassi lanciati contro le vetrine dei grandi magazzini o degli uffici pubblici, taglio dei fili dell'elettricità e del telefono, rumorose manifestazioni nel centro di Londra. E così un numero notevole di militanti, compresa Emmeline Pankhurst, finisce in prigione.

Tra le attiviste della WSPU c'è anche un'audace ventunenne, Mary Richardson, che in seguito avrà un percorso politico assai tortuoso (dopo la fine della Grande Guerra, per un breve periodo, aderirà anche al movimento fascista britannico di Oswald Mosley). Negli anni di primo Novecento Mary è lì, al fianco delle suffragiste di Emmeline Pankhurst. E il suo quarto d'ora di celebrità arriva il 10 marzo del 1914. È un martedì mattina, e Mary è a Londra, davanti alla National Gallery. Il martedì è il giorno in cui i visitatori possono entrare senza pagare il biglietto, e anche Mary entra. Non lo fa perché vuole arricchire la sua cultura artistica, ma perché ha intenzione di protestare contro il trattamento subito da Emmeline Pankhurst nella prigione di Holloway.

Che fa, dunque, Mary Richardson? Una volta entrata nella National Gallery, va davanti alla *Venere allo specchio* di Velázquez [Fig. 33], aspetta che i guardiani si allontanino e tira fuori dal soprabito una mannaia, spacca il vetro del quadro e lo colpisce più volte, danneggiandolo gravemente. Naturalmente viene subito bloccata, portata in prigione, processata e condannata a sei mesi di carcere. Quando le vengono chieste spiegazioni sul suo gesto, Mary risponde: «Ho cercato di distruggere l'immagine della più bella donna nella storia mitologica come protesta contro il governo che tormenta la signora Pankhurst, che è la più bella figura della storia contemporanea»[19].

D'accordo. Ma perché proprio la *Venere* di Velázquez? Il quadro è stato acquisito dalla National Gallery nel 1906, dopo che una pubblica sottoscrizione ha permesso di comprarlo dal collezionista privato che lo possedeva. Per questo sull'opera viene subito proiettato un significato pubblico particolare, giacché è considerata un fulgido esempio dell'attenzione con la quale l'opinione pubblica britannica

Fig. 33. Diego Velázquez, *Venere allo specchio*, 1647-51, olio su tela, 122,5x177. Londra, National Gallery.

cura e conserva il proprio patrimonio storico-culturale. Nel caso specifico, poi, il quadro si presta molto bene anche a esprimere il significato attribuito a un nudo di donna dalla cultura visuale *mainstream*; e infatti, commentando l'aggressione vandalica di Mary Richardson, il «Times», in un suo articolo dell'11 marzo 1914, inesorabilmente scrive: «L'immagine [...] non è né idealistica né passionale, ma assolutamente naturale e assolutamente pura. Possiamo in effetti ripetere le parole di un eminente critico e dire che... 'Lei è... la Divinità della Gioventù e della Salute, l'incarnazione della flessuosità e della vitalità – della perfezione della Femminilità nel momento in cui passa dal bocciolo al fiore'»[20].

È proprio in relazione a valutazioni di questo genere che il gesto di Mary Richardson acquista un senso più chiaro. La suffragista concepisce la sua aggressione vandalica come un puro atto di ritorsione: il governo maltratta la signora Pankhurst, e dunque Richardson si sente autorizzata ad attaccare a sua volta un simbolo della femminilità, a cui il governo e l'opinione pubblica attribuiscono un rilevante significato. Nel suo attacco, Mary Richardson concentra i colpi della mannaia proprio sulla parte della tela che espone la schiena nuda della Venere. La stampa – negli articoli dedicati al fatto e al processo – coglie al volo il particolare, parlando del «massacro della Venere» e presentando Richardson al pubblico come «Mary la squartatrice». Al momento del processo, lei non spiega ulteriormente perché abbia deciso di accanirsi proprio contro il corpo della divinità. Ma ritornando molti anni dopo su questo episodio della sua vita, in un'intervista rilasciata nel 1952, dirà, in riferimento a quel bel corpo nudo di donna: «Non mi piaceva il modo in cui gli uomini che visitavano il museo lo sbirciavano per l'intera giornata»[21].

Anche collocandolo nel suo contesto, di certo non possiamo condividere il gesto di Mary Richardson. Tuttavia possiamo capirlo. «Non mi piaceva proprio come gli uomini guardavano quel corpo di donna»: a distanza di molto tempo dalla sua vandalica protesta, ma con la stessa radicale determinazione, Mary continua a non sopportare la logica di un ordine visuale, narrativo ed etico che inscrive le pulsioni desideranti all'interno di un sistema di genere duramente gerarchico. E in fondo non ha una grande importanza sapere con certezza se Richardson fosse già animata da questo suo lucido risentimento nel 1914, o se quella fosse una considerazione nata in lei *ex post*, nel corso degli anni: sebbene non verbalizzi questa idea al momento del danneggiamento della *Venere*, tutto fa pensare che la scelta di quel quadro sia dipesa meno dal fatto che fosse una recente acquisizione per la «National Heritage», e molto di più dal fatto che l'opera rappresentasse l'ennesima nudità femminile offerta allo sguardo ipocrita e desiderante degli uomini che vi passavano davanti.

In una sequenza temporale relativamente rapida, la morale borghese ottocentesca getta le fondamenta di un ordine del discorso che, trasformando i corpi di donne giovani e belle in altrettanti oggetti inanimati del desiderio maschile, legittima altre importanti manifestazioni della cultura di massa occidentale – dalle *pin up* a «Playboy», alla «velinizzazione» delle donne nella cultura televisiva. E da tali sviluppi della cultura di massa questo ordine morale del discorso trae, in forma circolare, ulteriore forza e conferma.

Qualunque sia la valutazione che si voglia attribuire a questa particolare mappatura delle pulsioni, non si può fare a meno di notare che essa acquista uno specifico significato storico-culturale solo se la si pone in relazione con il duro attacco fine-settecentesco alle libertà delle gentildonne di *ancien régime*, un attacco che – come abbiamo visto – è direttamente collegato alla moderna idea di rappresentanza politica. E, in definitiva, solo se si accetta questa prospettiva, ovvero solo se si ammette che la disuguaglianza di genere non è il lontano residuo di tempi antichi, bensì un elemento essenziale di concezioni che fondano l'Occidente contemporaneo, si può capire perché oggi, all'alba del XXI secolo, la mèta di una vera parità dei generi appaia ancora così lontana dall'essere veramente raggiunta.

NOTE E BIBLIOGRAFIA

Note al Capitolo I

[1] Glorieux, *À l'enseigne de Gersaint*, p. 82.
[2] Ivi, p. 83.
[3] Hauser, *Storia sociale dell'arte*, vol. 2, p. 48.
[4] Marchi, *Vita e avventure del signor Vivant Denon*, p. 85; Starobinski, *La scoperta della libertà*, pp. 56-57.
[5] Denon, *Senza domani*, p. 44.
[6] Stone, *Famiglia, sesso e matrimonio in Inghilterra tra Cinque e Ottocento*, pp. 595-596.
[7] Ivi, p. 475.
[8] Darnton, *L'intellettuale clandestino*, pp. 36-37.
[9] Cfr. Hunt, *La forza dell'empatia*.
[10] Rousseau, *Emilio o Dell'educazione*, p. 561.
[11] Rousseau, *Lettera a D'Alembert sugli spettacoli*, p. 578.
[12] Rousseau, *Emilio o Dell'educazione*, p. 574.
[13] Ivi, pp. 496-497.
[14] Ivi, pp. 500-502.
[15] Ivi, pp. 506-507.
[16] Duhet, *Les femmes et la révolution 1789-1794*, pp. 155-156.
[17] Bock, *Le donne nella storia europea dal Medioevo ai nostri giorni*, p. 100.

[18] Bonfield, *Il diritto di famiglia in Europa nel lungo Ottocento*, p. 207.
[19] Kant, *Risposta alla domanda: che cos'è l'illuminismo?*, p. 48.

Note al Capitolo II

[1] Mazzini, *Dei doveri dell'uomo*, pp. 70-71.
[2] Dijkstra, *Idoli di perversità*, p. 22.
[3] Michelet, *L'amore*, pp. 188-189 e 220.
[4] Veblen, *La teoria della classe agiata*, p. 133.
[5] Ivi, p. 141.
[6] Si veda in proposito Enzensberger, *Requiem per una donna romantica*.
[7] Hadjinicolaou, *«La liberté guidant le peuple» de Delacroix devant son premier public*, p. 23.
[8] Cit. in Traeger, *L'épiphanie de la Liberté*, p. 11.
[9] Said, *Orientalismo*, pp. 24-26.
[10] Ivi, p. 218.
[11] Dijkstra, *Idoli di perversità*, p. 157.
[12] Ivi, p. 328.
[13] Cfr. Praz, *La carne, la morte e il diavolo nella letteratura romantica*; Dijkstra, *Idoli di perversità*.
[14] McCauley, *Sex and the Salon*, pp. 46 e 67.
[15] Ivi, pp. 59-61.
[16] Zola, *Édouard Manet, studio biografico e critico*, pp. 24-25.
[17] Ivi, pp. 27-28.
[18] Romano, *Manet 1863: Olympia*, pp. 12-13.
[19] Nead, *The Female Nude*, p. 35.
[20] Ivi, p. 36.
[21] Ivi, p. 37.

Bibliografia

AA.VV., *Il Nudo fra ideale e realtà. Dal Neoclassicismo ad oggi*, Artificio Skira, Firenze 2004.

Anderson, Bonnie S. - Judith P. Zinsser, *Le donne in Europa*, vol. 3, *Nelle corti e nei salotti* [1988], Laterza, Roma-Bari 1993.

Banti, Alberto Mario, *L'onore della nazione. Identità sessuali e violenza nel nazionalismo europeo dal XVIII secolo alla Grande Guerra*, Einaudi, Torino 2005.

Bizzocchi, Roberto, *Cicisbei. La morale italiana*, in «Storica», 1997, 9.

Bizzocchi, Roberto, *Cicisbei. Morale privata e identità nazionale in Italia*, Laterza, Roma-Bari 2008.

Blum, Carol, *Rousseau and the Republic of Virtue. The Language of Politics in the French Revolution*, Cornell University Press, Ithaca-London 1986.

Bock, Gisela, *Le donne nella storia europea. Dal Medioevo ai nostri giorni* [2000], Laterza, Roma-Bari 2001.

Bonfield, Lloyd, *Il diritto di famiglia in Europa nel lungo Ottocento*, in Marzio Barbagli - David I. Kertzer (a cura di), *Storia della famiglia in Europa. Il lungo Ottocento*, Laterza, Roma-Bari 2003.

Clark, Kenneth, *Il nudo. Uno studio della forma ideale* [1956], Neri Pozza, Vicenza 1995.

Dawkins, Heather, *The Nude in French Art and Culture, 1870-1910*, Cambridge University Press, Cambridge 2002.

Craveri, Benedetta, *La civiltà della conversazione*, Adelphi, Milano 2001.

Craveri, Benedetta, *Amanti e regine. Il potere delle donne*, Adelphi, Milano 2005 (edizione digitale, 2014).

Darnton, Robert, *L'intellettuale clandestino. Il mondo dei libri nella Francia dell'Illuminismo* [1982], Garzanti, Milano 1990.

Denon, Vivant, *Senza domani* [1777], Adelphi, Milano 1995.

Dijkstra, Bram, *Idoli di perversità. La donna nell'immaginario artistico filosofico letterario e scientifico tra Otto e Novecento* [1986], Garzanti, Milano 1988.

Dijkstra, Bram, *Naked. The Nude in America*, Rizzoli, New York 2010.

di Robilant, Andrea, *Un amore veneziano. Un giovane aristocratico, un'avventurosa ragazza inglese, una storia vera*, Mondadori, Milano 2003.

Duby, Georges - Michelle Perrot (a cura di), *Storia delle donne in Occidente*, vol. 3, *Dal Rinascimento all'età moderna* [1991], a cura di Natalie Zemon Davis e Arlette Farge, Laterza, Roma-Bari 1997.

Duby, Georges - Michelle Perrot (a cura di), *Storia delle donne in Occidente*, vol. 4, *L'Ottocento* [1991], a cura di Geneviève Fraisse e Michelle Perrot, Laterza, Roma-Bari 1995.

Duhet, Paule-Marie (présenté par), *Les femmes et la révolution 1789-1794*, Julliard, Paris 1977.

Enzensberger, Hans Magnus (a cura di), *Requiem per una donna romantica. La storia di Auguste Bussmann e Clemens Brentano* [1989], Sellerio, Palermo 1991.

Faroult, Guillaume (sous la direction scientifique de), *Fragonard amoureux. Galant et libertin*, Réunion des musées nationaux, Paris 2015.

Fossi, Gloria (a cura di), *Il nudo nell'Arte. Eros Natura Artificio*, vol. II, *Da Caravaggio al '700 francese*, Giunti, Firenze 1999.

Foucault, Michel, *La pittura di Manet* [2004], Abscondita, Milano 2005.

Garnot, Benoît, *On n'est point pendu pour être amoureux... La liberté amoureuse au XVIIIe siècle*, Belin, Paris 2008.

Gay, Peter, *Il secolo inquieto. La formazione della cultura borghese (1815-1914)* [2002], Carocci, Roma 2002.

Glorieux, Guillaume, *À l'enseigne de Gersaint. Edme-François Gersaint, marchand d'art sur le Pont Notre-Dame (1694-1750)*, Champ Vallon, Seyssel 2002.

Hadjinicolaou, Nicos, *«La liberté guidant le peuple» de Delacroix devant son premier public*, in «Actes de la recherche en sciences sociales», 1979, 28.

Hauser, Arnold, *Storia sociale dell'arte* [1951], Einaudi, Torino 1974, 2 voll.

Hedley, Jo, *François Boucher. Seductive Visions*, The Wallace Collection, London 2004.

Hufton, Olwen, *Destini femminili. Storia delle donne 1500-1800* [1995], Mondadori, Milano 1996.

Hunt, Lynn, *La forza dell'empatia. Una storia dei diritti dell'uomo* [2007], Laterza, Roma-Bari 2010.

Kant, Immanuel, *Risposta alla domanda: che cos'è l'illuminismo?* [1783], in Id., *Che cos'è l'illuminismo?*, a cura di Nicolao Merker, Editori Riuniti, Roma 1997.

Landes, Joan B., *Women and Public Sphere in the Age of the French Revolution*, Cornell University Press, Ithaca-London 1988.

Landes, Joan B., *Visualizing the Nation. Gender, Representation, and Revolution in Eighteenth-Century France*, Cornell University Press, Ithaca-London 2001.

Levi Pisetzky, Rosita, *Il costume e la moda nella società italiana* [1978], Einaudi, Torino 1995.

Marchi, Ena, *Vita e avventure del signor Vivant Denon, gentiluomo, o dell'arte del servire messa al servizio dell'arte*, in Denon, 1995.

Massonaud, Dominique (textes réunis et présentés par), *Le Nu moderne au salon (1799-1853). Revue de presse*, Ellug-Université Stendhal, Grenoble 2005.

Mazzini, Giuseppe, *Dei doveri dell'uomo* [1841-60], in Id., *Scritti editi ed inediti*, vol. LXIX, Galeati, Imola 1935.

Mazzocca, Fernando, *Francesco Hayez. Il Bacio*, Silvana Editoriale-Il Sole 24 Ore, Milano 2003.

McCauley, Anne, *Sex and the Salon. Defining Art and Immorality in 1863*, in Tucker, 1998.

Mernissi, Fatima, *L'harem e l'Occidente* [2000], Giunti, Firenze-Milano 2006.

Michelet, Jules, *L'amore* [1858], Rizzoli, Milano 1987.

Mosse, George L., *Sessualità e nazionalismo. Mentalità borghese e rispettabilità*, Laterza, Roma-Bari 1984.

Nead, Lynda, *The Female Nude. Art, Obscenity and Sexuality* [1992], Routledge, London-New York 2006.

Nochlin, Linda, *Bathers, Bodies, Beauty. The Visceral Eye*, Harvard University Press, Cambridge (Mass.)-London 2006.

Plebani, Tiziana, *Un secolo di sentimenti. Amori e conflitti generazionali nella Venezia del Settecento*, Istituto Veneto di Scienze Lettere ed Arti, Venezia 2012.

Praz, Mario, *La carne, la morte e il diavolo nella letteratura romantica* [1930], Sansoni, Firenze 2003.

Rand, Richard (ed.), *Intimate Encounters. Love and Domesticity in Eighteenth-Century France*, Princeton University Press, Princeton 1997.

Romano, Serena, *Manet 1863: Olympia*, Electa, Milano 2007.

Rosenblum, Robert, *Trasformazioni nell'arte. Iconografia e stile tra Neoclassicismo e Romanticismo* [1967], Carocci, Roma 2002.

Rossi Pinelli, Orietta, *Le arti nel Settecento europeo* [2000], Einaudi, Torino 2009.

Rousseau, Jean-Jacques, *Lettera a D'Alembert sugli spettacoli* [1758], in Id., *Scritti politici*, a cura di Paolo Alatri, UTET, Torino 1970.

Rousseau, Jean-Jacques, *Emilio o Dell'educazione* [1762], Mondadori, Milano 2001.

Said, Edward W., *Orientalismo* [1978], Bollati Boringhieri, Torino 1991.

Smith, Alison, *The Victorian Nude. Sexuality, Morality and Art*, Manchester University Press, Manchester-New York 1996.

Smith, Alison (ed.), *Exposed. The Victorian Nude*, Watson-Guptill Publications, New York 2002.

Starobinski, Jean, *La scoperta della libertà, 1700-1789* [1964], Fabbri-Skira, Genève 1965.

Stone, Lawrence, *Famiglia, sesso e matrimonio in Inghilterra tra Cinque e Ottocento* [1977], Einaudi, Torino 1983.

Tocci, Michela - Lorenza Tonani (a cura di), *Baci rubati e amorose passioni nell'arte e nella letteratura fra Settecento e Ottocento*, Silvana Editoriale, Cinisello Balsamo 2010.

Traeger, Jörg, *L'épiphanie de la Liberté. La révolution vue par Eugène Delacroix*, in «Revue de l'Art», 1992, 98.

Tucker, Paul Hayes (ed.), *Manet's Le Déjeuner sur l'herbe*, Cambridge University Press, Cambridge 1998.

Veblen, Thorstein, *La teoria della classe agiata: studio economico sulle istituzioni* [1899], Einaudi, Torino 1981.

Zola, Émile, *Édouard Manet, studio biografico e critico* [1867], in Id., *Manet e altri scritti sul naturalismo nell'arte*, Donzelli, Roma 1993.

REFERENZE ICONOGRAFICHE

Fig. 1. Jean-Antoine Watteau, *L'insegna di Gersaint*, 1720-21, olio su tela, 163x308. Berlino, Palazzo di Charlottenburg. © 2016. Foto Scala, Firenze/bpk, Bildagentur fuer Kunst, Kultur und Geschichte, Berlin.

Fig. 2. François Boucher, *Diana che esce dal bagno*, 1742, olio su tela, 57x73. Parigi, Musée du Louvre. © 2016. Foto Scala, Firenze.

Fig. 3. Jean-Antoine Watteau, *La toilette*, 1717-19 circa, olio su tela, 45,2x37,8. Londra, The Wallace Collection. © 2016. Su concessione Trustees of the Wallace Collection, Londra/Scala, Firenze.

Fig. 4. Jean-Baptiste Pater, *Bagnanti*, 1730 circa, olio su tela, 64,2x85. Londra, The Wallace Collection. © 2016. Su concessione Trustees of the Wallace Collection, Londra/Scala, Firenze.

Fig. 5. Jean-Honoré Fragonard, *Fuoco alle polveri*, 1765 circa, olio su tela, 37x45. Parigi, Musée du Louvre.

Fig. 6. Jean-François de Troy, *La dichiarazione d'amore*, 1724 circa, olio su tela, 65x54,5. Williamstown, Williams College Museum of Art.

Fig. 7. Jean-François de Troy, *La giarrettiera*, 1724 circa, olio su tela, 65x54,2. Williamstown, Williams College Museum of Art.

Fig. 8. François Boucher, *Ercole e Onfale*, 1730 circa, olio su tela, 90x74. Mosca, Museo Puškin. © 2016. Foto Scala, Firenze.

Fig. 9. Nicolas de Launay, da Pierre-Antoine Baudouin, *Cure tardive*, 1775, acquaforte, 29x21. Parigi, Musée des Arts Décoratifs. Photo Les Arts décoratifs, Paris/Jean Tholance. Tous droits réservés.

Fig. 10. Jean-Honoré Fragonard, *L'istante desiderato*, 1770 circa, olio su tela, 50x61. Collezione privata.

Fig. 11. François Boucher, *Ritratto di Madame de Pompadour*, 1756, olio su tela, 201x157. Monaco, Alte Pinakothek. © 2016. Foto Scala, Firenze/bpk, Bildagentur fuer Kunst, Kultur und Geschichte, Berlin.

Fig. 12. Édouard Manet, *Il balcone*, 1868-69, olio su tela, 170x124,5. Parigi, Musée d'Orsay. © 2016. Foto Scala, Firenze.

Fig. 13. Jean-Auguste-Dominique Ingres, *Madame de Senonnes*, 1814, olio su tela, 106x84. Nantes, Musée des Beaux Arts. © 2016. Foto Scala, Firenze.

Fig. 14. John Singer Sargent, *Madame X (Madame Pierre Gautreau)*, 1883-84, olio su tela, 208,6x109,9. New York, The Metropolitan Museum of Art. © 2016. Image copyright The Metropolitan Museum of Art/Art Resource/Scala, Firenze.

Fig. 15. James Jacques-Joseph Tissot, *Troppo presto*, 1873, olio su tela, 71x102. Londra, Guildhall Art Gallery. © 2016. Foto Scala Firenze/Heritage Images.

Fig. 16. Lorenzo Bartolini, *La fiducia in Dio*, 1836, marmo, 93x43x61. Milano, Museo Poldi Pezzoli. © 2016. Foto Scala, Firenze.

Fig. 17. Jean-Auguste-Dominique Ingres, *Venere Anadiomene*, 1808-48, olio su tela, 163x92. Chantilly, Musée Condé. © 2016. © Photo Josse/Scala, Firenze.

Fig. 18. William Bouguereau, *Nascita di Venere*, 1879, olio su tela, 300x215, particolare. Parigi, Musée d'Orsay. © 2016. Foto Scala, Firenze.

Fig. 19. Lawrence Alma-Tadema, *Il tepidarium*, 1881, olio su tela, 24x33. Port Sunlight, Lady Lever Art Gallery. © National Museums Liverpool, Lady Lever Art Gallery.

Fig. 20. Jean-Auguste-Dominique Ingres, *Bagno turco*, 1862, olio su legno, 108x110. Parigi, Musée du Louvre. © 2016. Foto Scala, Firenze.

Fig. 21. Jean-Léon Gérôme, *Bagno turco*, 1870, olio su tela, 50,8x40,6. Boston, Museum of Fine Arts. © 2016. Museum of Fine Arts, Boston. Tutti i diritti riservati/Scala, Firenze.

Fig. 22. John Everett Millais, *Ophelia*, 1851-52, olio su tela, 76,2x111,8. Londra, Tate Gallery. © 2016. Tate, London/Foto Scala, Firenze.

Fig. 23. Jean-Auguste-Dominique Ingres, *Ruggero libera Angelica*, 1819, olio su tela, 147x190. Parigi, Musée du Louvre. © 2016. © Photo Josse/Scala, Firenze.

Fig. 24. John Everett Millais, *Il cavaliere errante*, 1870, olio su tela, 184x135. Londra, Tate Gallery. © 2016. Tate, London / Foto Scala, Firenze.

Fig. 25. Jean-Léon Gérôme, *Vendita di una schiava*, 1884 circa, olio su tela, 92x74. San Pietroburgo, Hermitage. © 2016. Foto Fine Art Images/Heritage Images/Scala, Firenze.

Fig. 26. Alexandre Cabanel, *La nascita di Venere*, 1863, olio su tela, 130x225. Parigi, Musée d'Orsay. © 2016. Foto Scala, Firenze.

Fig. 27. Paul-Jacques-Aimé Baudry, *La perla e l'onda (una favola persiana)*, 1862, olio su tela, 83,5x178. Madrid, Museo del Prado. © 2016. Copyright immagine Museo Nacional del Prado © Photo MNP/Scala, Firenze.

Fig. 28. Édouard Manet, *Colazione sull'erba*, 1863, olio su tela, 208x264,5. Parigi, Musée d'Orsay. © 2016. Foto Scala, Firenze.

Fig. 29. Marcantonio Raimondi, *Il giudizio di Paride*, 1517-20 circa, incisione, 29,4x43,5. Boston, Museum of Fine Arts. © 2016. Image copyright The Metropolitan Museum of Art/Art Resource/Scala, Firenze.

Fig. 30. Édouard Manet, *Olympia*, 1863, olio su tela, 130x190. Parigi, Musée d'Orsay. © 2016. Foto Scala, Firenze.

Fig. 31. Paul Cézanne, *Une moderne Olympia*, 1873-74, olio su tela, 46x55. Parigi, Musée d'Orsay. © 2016. Foto Scala, Firenze.

Fig. 32. Pubblicità per il sapone Pears, fine XIX secolo.

Fig. 33. Diego Velázquez, *Venere allo specchio*, 1647-51, olio su tela, 122,5x177. Londra, National Gallery. © 2016. Copyright The National Gallery, London/Scala, Firenze.

INDICI

INDICE DEI NOMI*

* I numeri in corsivo si riferiscono alle pagine con didascalia.

INDICE DEL VOLUME